一班一世界
一人一精彩

——小学班级品牌培育的探索与实践

莫小华 ◎ 主编

中国农业出版社
农村读物出版社
北 京

图书在版编目（CIP）数据

一班一世界 一人一精彩：小学班级品牌培育的探索与实践 / 莫小华主编 . —北京：中国农业出版社，2023.9
ISBN 978-7-109-31008-7

Ⅰ．①一… Ⅱ．①莫… Ⅲ．①小学－班级－学校管理 Ⅳ．①G622.421

中国国家版本馆 CIP 数据核字（2023）第 154390 号

一班一世界 一人一精彩——小学班级品牌培育的探索与实践
YI BAN YI SHIJIE YI REN YI JINGCAI——XIAOXUE BANJI
PINPAI PEIYU DE TANSUO YU SHIJIAN

中国农业出版社出版
地址：北京市朝阳区麦子店街 18 号楼
邮编：100125
责任编辑：黎思玮
版式设计：王 晨 责任校对：吴丽婷
印刷：北京中兴印刷有限公司
版次：2023 年 9 月第 1 版
印次：2023 年 9 月北京第 1 次印刷
发行：新华书店北京发行所
开本：700mm×1000mm 1/16
印张：14
字数：280 千字
定价：58.00 元

喜闻"馨悦达育"的芬芳

翻开这本书,聆听一位位班主任的心声,令人欣喜。这里记录了莫小华名班主任工作室研修的历程,工作室以"馨悦达育坊"为名,展现了一群班主任"和谐共生,馨悦成长"的风采。

书中交流了班主任工作的带班方略。品读这些方略,我们看到了学员们从粗放型班级管理、经验型班级管理到系统化管理、文化型引领的转变,看到了喜获国家级、市级表彰的成长。

书中展现了班级活动课程的案例。通过这些案例,我们看到了班主任们观念的转变,大家在活动目标建立、活动内容和方式选择等方面坚持了方向性与针对性的统一、传统性与时代性的统一、生活性与实效性的统一。

书中讲述了班主任们的育人故事。透过这些故事,我们看到了班主任爱生如子的情怀、潜心育人的敬业和润物细无声的智慧。

此书是班主任队伍建设的成功案例,是班主任队伍专业素质提升的真实写照,为我们展示了"一班一世界、一人一精彩"的新时代班级风貌和新时代班主任模样。

喜闻《一班一世界、一人一精彩》出版,我们体味到班主任们用理想、用情怀、用智慧向学生们播撒的教育芬芳;我们呼吸到新时代、新征程踔厉奋进、再创辉煌的芬芳。这本书是一本实践操作性强、内容丰富的班级德育品牌培育指南。希望此书会对广大教育工作者具有一定的参考和启示作用,大家携手更好地探索和实践班级德育品牌培育,推动小学教育事业的不断发展,实现教育的美好愿景:立德树人。

重庆市渝中区中华路小学校长　曾　菁

2023 年 4 月于重庆

班班塑品　人人出彩

名班主任工作室成立之初，教师们以学习教育部颁发的《中小学德育工作指南》为首要任务。研读发现，"立德树人"的六大教育途径不约而同地指向了德育的最基层单位——班级。班级是学生进行道德认识和体验的重要场所，是学生知行合一的起点。组织和领导班级工作的班主任直接关系到德育工作的成效。

名班主任工作室责无旁贷地担当起开展中小学德育工作的研究，探索新时期德育工作特点和规律，创新德育工作的途径和方法。本工作室成员通过班班塑造班级德育品牌，增强班主任工作的科学性、系统性和实效性，为学生打造一个"营养丰富"的精神世界，促进每一位学生和老师共同成长。

一、何为班级品牌？

伴随着教育改革的持续推进，班主任工作也在理念建构和技能发展等方面不断革新。一班一特色，一品一成长，"创建班级品牌"成为不断推动班主任专业化发展、有效落实立德树人根本任务的重要途径和有利抓手。

（一）班级品牌是什么？

1. 聚焦"品牌"。

中国汉字博大精深，我们从文字角度不断挖掘"品牌"价值内涵。

给物化事物赋予精神内涵，我们便找到了"品牌"的含义：它可以被当作"特色""标志"。在商业层面，"品牌"就是质量和特色的象征，发挥着"识别""设计"的作用。但教育视角中的"品牌"，还具有特殊的"聚合""导向"的作用，能像"吸铁石"一样吸纳更多的教育力量形成教育合力，并在教育工作者体系化、梯度性的日常工作推进中，发挥出远超于其创建之初的综合育人价值。挖掘潜能，有目标、有意识地培养，放大、逐渐形成自己的班级特色名片。（见下图）

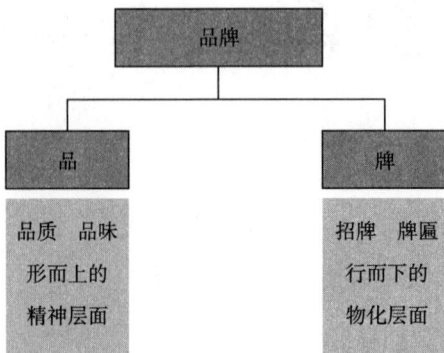

```
                    ┌──────────┐
                    │   品牌   │
                    └────┬─────┘
            ┌────────────┴────────────┐
      ┌─────┴─────┐            ┌──────┴──────┐
      │     品    │            │      牌     │
      └───────────┘            └─────────────┘
      ┌───────────┐            ┌─────────────┐
      │ 品质　品味 │            │ 招牌　牌匾  │
      │  形而上的  │            │  行而下的   │
      │  精神层面  │            │  物化层面   │
      └───────────┘            └─────────────┘
```

2. 理解"班级品牌"。

在一线教育工作中，当"品牌"与"班级"相遇，当教师将自身育人理念与班级实际情况相契合后，所形成的用于引导班级科学发展的体系化育人路径，所建构出的一套为实现"立德树人"这一根本任务精心打造的个性化体系，便是"班级品牌"。

"班级品牌"立足于"班级特色"，但却高于"班级特色"，高就高在它不仅追求班级外显风貌的与众不同，而且对内在育人理念和教育文化的挖掘也更多元、更丰富，由此生发出来的德育课程及德育活动就愈发成体系、可持续。

（二）创建"班级品牌"的价值

在探索班主任教育专业化发展的过程中，建设班级品牌，就是要将"立德树人"这一根本任务转化为班本核心价值观，然后基于班本核心价值观，去全面落实本班的价值观教育，从而带动、促进学生的核心素养发展。

对教师而言，创建班级品牌能够有效推进教师专业化发展，帮助自身在任务的驱动中，不断梳理、筛选、融合教育思想，形成有自己特色的教育教学风格。"班级品牌"的系统性也能发挥"指南针"的作用，在日复一日的常态化班级管理过程中，指引班主任有方向、有目标、有体系、有主次地开展工作，避免育人工作的盲目性、散碎化。

对学生而言，创建适合学生身心健康发展的班级品牌，能够让各具功能、各有特色的教育阵地像春雨一般不动声色地持续发挥作用，在润物细无声的良性教育循环中持续滋养学生，在点滴之中贯穿"立德树人"这一根本任务。

当每位学生在良性的教育场域中不断得到滋养，整个班集体自然能够呈现出更积极、更奋进、更和谐、更全面的成长风貌。小集体感染大集体，小团队带动大团队，学校的整体育人风貌和育人质量也会在班级品牌持续推进的辐射作用中不断提升。如此一来，不断巩固的优秀育人文化和不断发展的高效育人方案也将形成巨大的教育磁场，在更大范围的区域中持续产生教育价值。

二、班级品牌如何选定？

创建班级品牌，从选定一个适宜的班级品牌开始。

（一）以校本特色为视角

秉承教育工作立德树人的根本目标，紧跟国家基础教育改革的步伐，每所学校都在极力探索符合自身发展、具有自我特色的育人工作路径，重庆市渝中区作为全市的教育高地，每所学校都在历史的沿袭与改革中逐步形成自己的校本特色，例如中华路小学以"公民素养教育"作为学校的办学特色，人和街小学以"人和为魂，和谐育人"作为办学理念，巴蜀小学则践行"与学生脉搏一起律动"的教育理念。班集体作为学校教育的重要组成细胞，自然可以在一校一策的校本育人特色中寻找个性化发展的品牌建设思路，这既是对传统校本经验的继承，也是对优秀校本特色的发展。

（二）以班级学情为起点

创建班级品牌，就是为了用更切实际、更有针对性的系统策略实现立德树人，因此，班级管理者可以从学生学情出发，结合原生态的班级特点，找到学生的"真问题"，锁定学生的"真需要"，以此定位班级品牌。但值得注意的是，"真问题"和"真需要"具有年段性和特殊性，例如小学低段，养成良好的学习习惯是学生的真需要，而小学高段，善于人际交往、能够较好处理伙伴矛盾就变成前青春期阶段的学生最真实、最共性的需要。又例如"二胎问题"，对于二胎家庭的学生而言，这又是一个值得引导的个性问题。所以，选定班级品牌需要对学生不同年段的共性问题和个性问题进行综合思考。

（三）以教育理念为核心

班级品牌对班主任的日常管理工作具有持续引导的作用，其核心便是站位更高、内容更广、容纳性更强的优秀教育理念。国家层面，立德树人的根本目标是教育工作的核心，能发挥宏观引领的作用；学科层面，教育部在德育方面颁布的相关制度、条例以及与班主任工作密切相关的课程规范，是对班级工作指导的重要依据；个人层面，名人榜样所彰示出来的躬耕教育的初心、甘于奉献的师德、勤勉务实的师风，更是时刻起着潜移默化的浸润作用。因此，班级品牌的选定离不开教育理念的核心引领。

（四）以教师特长为支点

班级品牌之所以能造就班级特色，与教师自身优势、特长有着密不可分的关系，就像擅长书法的班主任，以"墨香沁润童心"为主旨创建班级品牌；擅长音乐的班主任，以音乐为中心，创建了依托德、智、体、美、劳五育并举的班级品牌；精通中国古典诗词的班主任，以诗为媒创建"诗意"班级……在广博的教育资源中，那些教师精通的、熟练的技艺特长或教师在自我成长过程中所形成的个性气质，往往会在一言一行、一物一事的常规教育中传递给学生，从这些方面稍加提炼，便可成为教师撬动班级系统化管理的支点。

（五）以家长资源为辅助

此外，在家、校、社协同育人的时代背景中，班主任还可以联动能够促进班级学生整体发展的家长资源，根据职业特点及个人特长，为孩子们打造素材更多元、视野更开阔、知行更合一的班级品牌。

三、怎样塑造班级品牌？

美国教育家杜威说："社会大学校，学校小社会"。班级作为学生进入的第一个"社会化"的小组织，塑造"品牌"、创建"班品"，用系统的建构和途径达成目标，是新时代班级建设的科学路径。

（一）课程育人是基础

教育机会寓于课程之中。机会的多少和优劣视课程的品质而定。自2001年以来的课程改革，从政府到学校都在探索"好课程"之路，课程被视为教育改革、学校改革的"良方"，在班级建设中也必须抓住课程育人这一基础。

1. 学科课程、跨学科课程。

2022 年，新修订的义务教育课程方案和课程标准描绘了培育时代新人的蓝图，从学科本位、知识本位走向学生素养本位。落实新课标，需要教师超越"教书"，走向"育人"，各学科课程以素养为导向，践行教学评一体化。班主任在教学中更应该从执教学科、挖掘"育人"的契机，创造从知识符号化机械学习到知识意义性理解学习的学习环境和条件，引导学生在做、用、创中解决真实问题，习得核心素养，共同塑造"一班一品"，在"班品"的构建中真正达成"为党育人、为国育才"。

此外，还可以围绕"班品"内容的内涵与外延，进行学科间的协作整合。在"综合学习"中实现"完整人"的培养。以班主任为圆心，用"班品"建设广泛辐射，打破学科教师间"竖井式"分科的边界。以项目式、活动化等方式协作、整合学科课程资源，在班品建设中走向跨学科的协同育人。

2. 德育课程。

以班会为基本保障，每周一次，每次落实。用固化的时间安排为班会课程的推进提供课程实施的阵地，让师生、生生之间的交流畅通，让德育持续稳固，更给予学生自我教育、健康成长的有效途径。

以朝会为适时补充，每周四次，每天 8 分钟。"精彩八分钟"让碎片化的时间给予德育课程更加体系化的补充。用 8 分钟解决实际问题、关注时政、推进活动……都可根据班品建设的需要而选择。

3. 班级特色课程。

"一班一特色，一品一成长"，根据"班情"而科学规划的"班品"是每个班特有的气质。在班品建设中，班级的特色课程必不可少，这是班级的特征，更是班级亮点。例如"绘读悦美"班级，将孩子的成长目标与绘本引导相结合，通过阅读绘本、讲读绘本、创编绘本，引导学生全面发展、快乐成长，绘本课成为其一大特色。

（二）文化育人是根本

文化是民族最基本的象征，是富国强民的生产力，育人是教育最根本的任务。文化育人弘扬了源远流长的中华文明，创新了核心价值观的润泽途径，夯实了教育渗透性的影响。围绕班品优化环境，让学生所处、所触、所见、所感，甚至隐形的一切都成为培育其综合素养的摇篮。

1. 以"环境"浸润。

环境文化润物无声，让每一面墙、每一方角落"发声"，成为学生无形的导师，是班品建设的一大路径。根据班品特色，教室划分特定功能区域与之呼应，让其发挥育人价值。如"荷香班级"建"荷"文化，在班级环境布置中，"荷"无处不在。

2. 用"氛围"营造。

班级整体氛围对学生有着无形的导向作用，营造积极正向的氛围必将促成班级良好的风气。如"诗意班级"创建以诗为媒的特色"品牌"，用系统的构建渗透精神生活，在"诗"之氛围的浸润下让孩子"诗意成长"。

3. 借"网络"推进。

利用现代信息技术建设班级特有"网络文化"，可以全面推进班品建设的深度和广度。在宣传上，建设班品特色的班级公众号、班级特刊；利用"钉钉""班级管理大师"做评价；用班级论坛进行思想引领。特色化的班级建设得到反馈、认可，也是对班级品牌的一种肯定和推进、激励，无形中让班品建设进入良性循环。如"6＋24班级"围绕二十四节气文化，创建班级品牌，他们班级的节气系列综合活动便通过公众号的推送进行展示，打造了积极向上的过程性评价模式。

（三）活动育人是抓手

对于小学生而言，五彩斑斓的生活、好玩的游戏、生动有趣的活动更能让他们留下深刻的印象。在班品建设中，以活动为抓手，将教育内容有效地融入丰富的活动当中，学生在系列的活动中展示亮点、强化自信、审视自我、发现问题、克服困难、锻炼能力……育人的目的在学生的活动推进中水到渠成。

1. 传统文化类活动。

开展传统节日、节气、非物质文化等活动，都反映了中华民族的传统习俗与道德风尚，构成了中华民族的文化血脉。开展此类活动既弘扬了文化，又涵养了美德。

2. 生活技能类活动。

小学教育阶段是学生学习生活技能的重要阶段，生活技能不仅仅是指生存能力，也包括一个人的心理社会能力。美食、财商、时间管理、自我卫生管理等方面的各类活动的开展对学生而言必将终身受益。

3. 运动健康类活动。

习近平总书记在北京市海淀区民族小学座谈时就提出，希望孩子们要文明精神、野蛮体魄，把身体锻炼好，把知识学好。孩子健康的意义不言而喻。因此，积极开展冬季长跑、游泳训练、卫生防疫……系列活动都有着重要意义。

（四）管理育人是保障

"无规矩不成方圆"，班级在民主管理的模式中，全员参与，逐步建立与班品匹配的氛围，让大家在推进中懂得良好班级秩序和管理意义的所在。学生之间互相监督、相互学习，利于带动大家的主观能动性，让学生在体验中改善心智模式，让品德和能力都得到提升，学会自律、更加自信。

1. 制定班级公约。

在民主管理的模式中，全员共同参与，在公共约定中互相监督、相互学习，让学生的主观能动性在自主的氛围中建立。

2. 设置班级岗位。

以品德、能力、表率等项目为重点考察范畴，通过民主选举为主的方式确定班干部，在权责中让他们担当起管理班级的重任。

3. 完善班级评价。

评价的意义在于促进班级良性的发展，配合学校的德育评价体系（五星评价），开发本班的特色评价手段（勋章、明星、奖惩制度）。拓展、激励式的持续评价方式有：过程性评价（积分式评价、及时性评价）和结果性评价（榜样台的设置、物质奖励与精神奖励）相结合。

（五）以社会实践促成知行合一

"知是行之始，行是知之成"。社会实践活动是中小学德育的重要载体，是加强学校德育工作、深化课程改革、完善课程体系的重要途径，更是学生接触自然、了解社会、拓宽视野、丰富知识、提高社会实践能力和综合素质的内在需要，是减轻学生过重课业负担、培养学生兴趣爱好、丰富学生课余生活的重要渠道。

1. 主题实践。

利用"行走的思政课"和地域文化符号，将母城文化、抗战文化、红色文化等特有的印记在实践中不断强化。培养学生爱家乡、爱祖国的情怀，让红色基因根植于心、让家国情怀彰显。

2. 志愿者服务。

学习的最高境界便是学以致用。在红色基地、特色景区、博物馆等场馆用"小小讲解员"的形式推进志愿者服务，在社区进行力所能及的服务等都是深化育人的重要方式。

3. 劳动实践。

在学生中弘扬劳动精神，教育引导学生崇尚劳动、尊重劳动，懂得劳动最光荣、劳动最崇高、劳动最伟大、劳动最美丽的道理，长大后能够辛勤劳动、诚实劳动、创造性劳动。在班级管理中通过日常劳动和研学途径，抓好学生的劳动教育，引导学生去体验劳动的价值，增强学生的社会责任感、创新精神和实践能力。

（六）以多方合力达成协同育人

习近平总书记特别强调，办好教育事业，家庭、学校、政府、社会都有责任。教育作为育人的系统工程，是家庭教育、学校教育、社会教育协同育人的结果。在班品建设中构建与社会共育的机制，争取家庭、社会共同参与学校、班级的育人工作，必定收获事半功倍的效果。

1. 家庭。

家庭是孩子首先接触与长期生活的场所，家庭的影响和态度必将对学生教育和班级的建设有着至关重要的作用。在班品建设中，引入家长资源，共建"家长课堂"必将促进班级的综合发展。

2. 学校。

学校是班级存在的根基，班级建设不能脱离学校，在学校特色德育品牌下的班本化实践也是重要的途径。如"通远班级"便是整合学校地域特点、历史文化背景以及身边优秀文化资源之城墙文化，让学生了解城墙历史、巴渝文化，将家国情怀根植于孩子的心间。

3. 社会。

学校是推进学生步入社会的基地，它的主要作用也是培养和引导学生成为社会需求的人才。社会资源的协同如同润滑剂一般为班品建设提供丰富的资源信息和更加广阔的天地。

四、成长留痕，擦亮品牌

依托班级品牌的持续推进和系统建构，学生与教师的成长得以精彩留痕，这些点滴量变不断积累，成为推动班级品牌建设的不竭动力，体现出不同的班级品牌共同的德育价值。

（一）学生与班级

1. 以赛促成长。

创建班级品牌是为了学生更好的发展。在这个过程中，最美的风景莫过于见证学生在不同层面的赛事中发展技能、收获自信、锻炼思维、开阔眼界，从德、智、体、美、劳等多角度、全方位地培养和促进其核心素养发展。

在"中华魂"主题活动中，学生用文字发声，展示自己的思想内涵和独特见解，让人眼前一亮。在"书香少年"系列活动中，学生与书籍交友，通过与高尚的灵魂深度对话积淀自我厚重的人生；在学校"科技节""我要上六一""运动会""五月鲜花艺术节"中，学生在观察、拼搏、精益求精的过程中，将求知的视野全面打开，同时收获宝贵的人生体验；在班级内，"小小书法家""整理小能手""文明小诗人"……大大小小与班级品牌创建有关的比赛项目让更多学生得以展示自我、收获自信。

2. 活动显其能。

不同层面的赛事塑造出了无数的学生榜样，而丰富多彩的学生活动则辐射更广。在"诗意班级"中，全体学生不仅在诗歌的分享中获得了高雅的审美情趣，更是通过一个个富有灵气的中国字感受到文化礼仪的博大精深。"嘀嗒班级"通过"收拾书包"比赛活动增强孩子的时间观念，锻炼其自身的管理能力。"绘读悦美班级"让绘本成为德育的媒介，在每周学生绘本分享中为学生注入成长养分……务实的班级品牌活动，让每位学生都有机会闪闪发光，从而彰显出"人人参与、各显其能"的学生成长风貌，助推学生核心素养发展。

（二）老师

1. 以赛强专业。

班级品牌也是教师成长的助推器。通过创建班级品牌来落实立德树人的根本任务，能够成为班主任创新工作方式、提高工作效率的重要手段和有力佐证，从而助推教师们在各级班主任基本功大赛、辅导员技能大赛，以及思政课教师技能大赛等竞赛中获奖。本工作室成员人人参赛、人人获奖，在全方位提升教师综合能力的高水平赛事中，接触到更多优秀的德育团队和个人，学习到更多先进的德育理念和精神，了解到更多智慧的德育媒介和途径，从而获得了专业化的成长。

2. 教科研留痕。

近年来，我们耕植教学一线，真实有价值的课题研究推动了班品建设的科学化、系统化，它们是：《小学生公民行动课程实践研究》《公民素养教育背景下主题化德育研究》《小学生劳动教育课程体系构建研究》《学校家庭社会协同育人基地建设研究》《大美育之下的馆校合作探究》《小公民行动课程的班本化实践研究》《基于学生"问题解决"核心素养的小学道德与法治教学策略研究》《"双减"背景下小学班主任指导家庭教育的策略研究》。在这样的研究中，班品建设的经验推广和辐射作用正在帮助着身边的一线班主任教师从经验型教师向科研型教师发展。

与此同时，从班级品牌创建中获得的宝贵经验能够成为老师们在送教下乡、区域内的主题交流汇报会上的重要素材和资源，也能够在各类公众号、视频号等教科研宣传平台进行传播辐射，以吸纳更多的优秀人才与宝贵经验，共同助力区域德育水平的整体发展。

陌上花开，缓缓而归。细数班级品牌创建过程中的精彩"痕迹"，我们能看到在润物细无声的良好教育氛围中，教师和学生成长的内驱力被"班级品牌"这一媒介、工具所激发，焕发出了健康、优质、高效、幸福的教育新样态，这便是：班班塑品，人人出彩。

莫小华
2023 年 2 月于重庆

目　录

喜闻"馨悦达育"的芬芳
班班塑品　人人出彩

第一章 | 带班方略

方略在先　行动有力

何为"方略"？《现代汉语词典》释义为"全盘的计划和策略"。"方"，倾向于方向、方针，引申为基本理念；"略"，倾向于策略、路径，引申为具体措施。那么，我们所认为的带班育人方略就是指在立德树人的育人目标下，班主任以教育理论、育人方向为指导，根据所带班级具体情况所形成的班级建设管理方针与策略。

带班育人方略的基本要素主要有班情分析、育人理念、班级发展目标、带班策略、特色与成效这五项内容。带班是手段，育人是目的。其中，学生和班级唇齿相依，二者相互影响，学生个体健康发展可以促进班级建设，班级的建设有助于带动学生个体的良性发展，本书的带班方略正是立足于学生的全面发展，通过具体的实践策略达成育人目标。

我们的研究从孩子的身心发展着手，立足班情，通过课程育人、文化育人、活动育人、管理育人、实践育人、协同育人等多位一体贯彻落实党的教育方针，培养社会主义建设者和接班人。

一、带班方略的价值意义

(一) 学生

我们以培养儿童内生力为主线，从个体品格到集体精神，再到共同成长的内生力。激励每个学生做更好的自己，促进班级的凝聚与共生，助力班级卓越发展。根据学生的不同阶段的特点，制定不同的培养目标，比如说低年级注重规范，培养言行得体的少先队员；中年级注重自主，培养知行合一的城市少年；高年级注重责任，培养具有家国情怀的中国人。

(二) 班级

班级是学生在校成长的主要阵地，教师必须清楚地意识到带班方略对一个班集体的作用。教师在"全盘"视野下，要更有合力、更有层次、更有章法地管理班级，推动班级科学化、规范化运转。当我们教师在形成班本课程体系后，也将撬动整个班级的管理。

(三) 学校

学校的组织单位是班级，它好比是学校的一个细胞，各个班级是一个活的生命教育场，决定了学校这个空间的内容与容量。带班育人方略指导各个班级蓬勃发展，不同的育人场也相互碰撞、交流，班班都有自己的品牌，学校的特色自然就得以彰显。

(四) 班主任个人专业发展

每位教师所学的学科不同，有属于自己的个人特长和育人经验。当教师将班级常规管理、班级活动和帮助每一位学生进步成长的方法加以一定的梳理、提炼后，那就是我们班主任的带班方略，这个方略随着教师的逐渐成长将更加丰满、更加完善，成为班主任专业发展的途径。班主任们在这一过程中个人专业能力将随之提升，趋于精进、成熟。现实情况中，教师在带班过程中班级可能会变化，但带班方略的共性特征会一直传承下去，不断完善，教师们也同样可以不断成长和进步。

(五) 班主任体系成长

班主任是一个庞大的教师群体，通常来说，班主任不仅要承担学科教学任务，又要承担班级管理工作。班主任工作是琐碎、辛苦的，这需要班主任教师运用自己的爱心与智慧做好班级管理，因此总结归纳出自己的带班方略显得尤为重要，这不仅可使班级管理更有实效，也能提升教师的职业幸福感。

班主任工作既是一门育人的科学，更是一种创造性的艺术。每个学校的各个班、每个区域的各个班可以借助带班方略共享进行学习，帮助班主任教师们打破学校、区域壁垒，吸取优秀经验，学习名班主任们成体系化的思想方法，迈上德育工作与班级管理新台阶，推动班主任体系化成长，由点带面去辐射各区域乃至全国，成就教育的精彩！

二、带班方略的制定

(一) 导向性

在推进教育现代化的过程中，国家强调培养德智体美劳全面发展的社会主义建设者和接班人，带班方略需以国家大政方针为导向，为国家培养一代代时代新人，实现中华民族伟大复兴。如本书中齐瑞老师培养中国"小公民"，在班级建设中引入"小先生制"，以"知行合一，养成公民"为育人理念，以学校"公民素养教育"为依托，以"小公民行动"课程为路径，就是希望培养具备现代公民素养的新时代小学生，为党育人，为国育才。

(二) 系统性

带班方略要有梯度。教师提炼带班育人方略时要思考把学生带领到哪里去，为什么要把学生带到那里去，如何把学生带到那里去，怎么确定已经把学生带到那里去等问题；带班方略要有体系，从班情分析、育人目标、带班理念，再到策略做法，有主线串联并形成体系；带班方略要有目标，班主任要从学生身心发展规律出发，确立班级育人理念，确定班级发展的长期、中期、短期目标，并通过主题化、系列化的教育活动加以具体实施，进而达成良好的教育效果。比如书中罗璇老师带班以"荷"为媒介，以"人和文化"为核心，努力通过多种育人途径让学生在身心、道德、学业、人格等方面得到全面发展，向身心健康、乐观积极、团结感恩、勤奋向上的总目标迈进。再分低、中、高三个学段培养其"懂规 有礼""明责 感恩""守诚 创新"，如此循序渐进地科学带班。

（三）特色性

搞好班集体建设，制定带班方略，首先得从班情着手。班主任教师应先对班情进行全面深入地了解，科学系统地分析，制定班级共同发展目标，再根据学生个体差异因材施教。然后，教师可结合学科特色、学生个人兴趣爱好、现有知识经验等打造出具有风格特色的班级。比如黄素颖老师因为从小喜爱古诗词，加之毕业于文学专业，并坚信优秀的中华传统文化能涵养孩子的童年，于是在班级中创建以诗为媒的特色"品牌"，用系统的构建丰富孩子的精神生活，让孩子"诗意成长"。最后，还可以整合班级家长资源。每位家长从事不同的行业，具有不同职业特长，班主任可从中寻找合适的教育帮手，打开班级建设的另一扇大门，拓展育人渠道。总之，我们通过努力寻找最佳切入点，构建协同育人机制，形成了有特色和实效的带班方略。

本章节呈现的是具有科学性、系统性、特色性和实效性的带班方略。在班级建设的实践过程中，班级成为师生共同成长的精神家园。一切为了学生，助力学生持续健康发展的带班方略才是有价值的，让我们智慧带班，以一朵云推动另一朵云吧！

诗意成长　立德树人

　　"把立德树人作为根本任务"是我们的历史使命，但在小小的班级中如何落实这大大的目标，是我必须思考和解决的首要问题。今年是我带班的第 8 个年头，和两个班级的孩子相遇，在第一个班积淀了三年，在第二个班的探索和不断学习中让我有了较为系统的方略。

班情分析

　　本班 45 人，因客观原因多次换老师，二年级接班时，活泼可爱是整个班级给我的良好印象，但活泼的背后表现出来的却是内心躁动不安、行为懒散。经调查有三分之二的孩子有专人照顾生活起居，尤其以老人陪伴居多，他们不仅自理能力差，而且浪费、以自我为中心的现象频频出现。孩子们的各项行为有待规范，思想也有待引领。在这样的特点之下，我创建"诗意成长"特色"品牌"，拟定目标，用实践的策略落地"班品"，丰盈孩子的精神世界。

育人理念

　　因为从小对诗词的喜爱，也因为毕业于文学专业，更因为坚信优秀的中华传统文化能涵养孩子的童年，所以坚信若加以切合的系统运用，传统文化对学生的成长定有不可估量的价值。

　　诗，可以兴，可以观，可以群，可以怨，它包含着人们的知、情、意、行。给孩子食物的营养，能让他们长身体；给孩子精神的滋养，定能丰盈他们的世界。小学阶段是"根"的教育，要着眼孩子的可持续全面发展，在孩子成长的第一个社会化组织——班级中创建以诗为媒的特色"品牌"，用系统的构建丰富孩子的精神生活，让孩子"诗意成长"。

班级发展目标

　　总目标："诗意成长"追求的是以立德树人为根本，为学生创建美好的环境，以实践活动为背景，努力达成孩子儒雅有礼、勤学向上、身心健康、与美为伴、热爱劳动的目标。

分目标：

学段	培养主题	学生成长分段目标	班级发展阶段目标
低段	1. 课堂礼 2. 课间礼 3. 集会礼 4. 用餐礼 5. 交友礼 6. 节日礼	1. 尊重老师有礼貌，友爱同学礼谦让 2. 右行礼让不推挤，轻声慢步靠右行 3. 升旗肃立要行礼，齐唱国歌声洪亮 4. 安静进餐不挑食，饭菜和汤全吃完 5. 互敬互爱好朋友，行为举止均有度 6. 传统节日我知晓，祖国文化我骄傲	1. 班级风貌有规有礼 2. 班级活动有序有礼 4. 班级学生人人发展 5. 班级文化处处彰显
中段	1. 勤动手 2. 常运动 3. 爱学习 4. 会合作 5. 知感恩 6. 讲诚信	1. 自己的事自己做，不去依赖不懒惰 2. 学会运动强身体，长期坚持有毅力 3. 课内课外去合作，取长补短共出色 4. 丢掉自我为中心，你我同心享快乐 5. 感恩祖国养育我，感恩一切暖心窝 6. 诚实有信明信仰，公德责任肩上放	1. 班级风貌积极向上 2. 班级活动丰富多彩 4. 班级学生成长进步 5. 班级文化滋养心灵
高段	1. 爱劳动 2. 爱锻炼 3. 会学习 4. 乐公益 5. 观时政	1. 享受劳动的乐趣，懂得劳动的意义 2. 会运动也爱锻炼，有最喜欢的项目 3. 有好的学习习惯，有好的思维品质 4. 争做公益小明星，用行动传递美好 5. 爱党爱国爱家乡，心有国事天下事	1. 班级风貌勤学向上 2. 班级活动精彩纷呈 4. 班级学生特色发展 5. 班级文化精神养成

带班策略

"诗意成长"表达的是学生的成长像一首诗，有起伏、有特色、有激情、有憧憬。"诗意成长"践行的是以诗为媒介、以活动为真实背景，在文化育人、管理育人、活动育人、课程育人、实践育人的综合运用下，抓好五个结合（见下图），引导学生健康成长，努力达成班级发展目标。

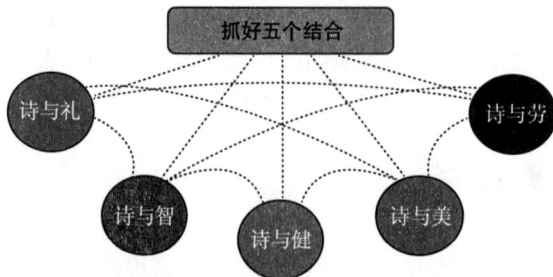

一、诗与礼的结合

1. 诗礼文化润童年。

"诗礼文化"，是通过诗教、礼教、乐教体系所建构的一种独特的文化现象，是华夏礼乐文明与中华优秀传统文化的核心元素，也是建设社会主义文明的文化基础。苏霍姆林斯基说过："办学校办的是一种精神，一种文化"，这种精神和文化是学校的立校之本，就班级建设而言，亦是立班之根。在班级建设中建构"诗礼文化"的浸润氛围，可以为孩子奠定成长底色。

利用合适的契机在不同学段用诗礼文化浸润，根植华夏根基。低段从集体读礼仪故事、诵读经典体会礼仪起步。中段人人分享礼仪故事、背诵经典诗词、舞台演绎经典去丰富和拓展。高段进行诗歌创作、反思、总结，表达自己的情感，升华活动主题，落实礼仪文化教育（见下图）。

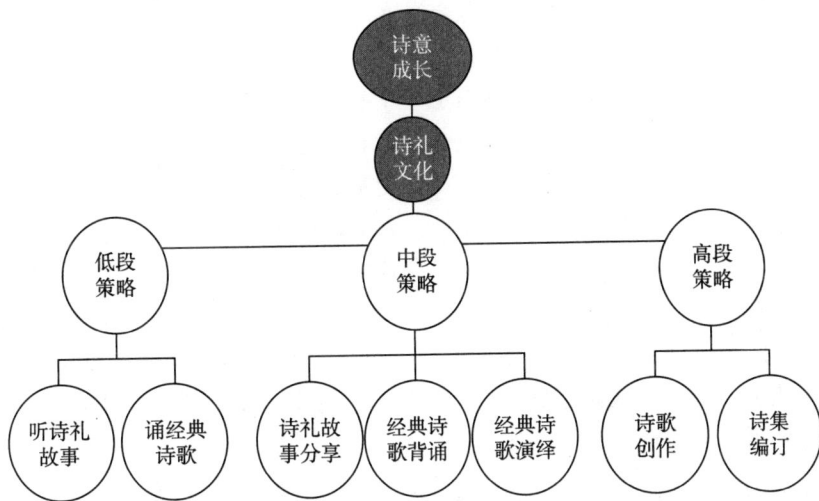

2. "诗礼"育人伴成长。

学礼：孔子有言，"不学礼，无以立。"对学生而言，课堂、课间、集会、用餐等情境下的礼仪，是最基本的礼貌（见下表）。

学 礼		
活动	故事锦囊	人人分享礼仪故事，换位思考自身行为
	经典导航	人人推荐经典诗句，用心读出礼仪价值
评价	中华礼仪星	人人评价、自我提醒，三省吾身自省自检

训礼：有关礼仪的教诲对思想和行为处于成长期的孩子来说极其必要，我们用自我管理、小队共进、班规约定、教师引导的方式来推进。

训 礼		
方式	制定班级公约	人人参与班规制定，守约守礼共同成长
	形成小干部组织	人人参加民主选举，权利义务二者兼具
	自建小队	人人自愿搭配组合，小队合作团队共进
评价	人人争星	人人努力彰显礼仪，礼仪之星周周评比

我们的班级公约：自编具有诗歌韵律的儿歌，朗朗上口，入口入心。

班 规
安全第一要铭记　各项活动有秩序
读诗懂礼显优雅　文明礼仪我学习
遵规守责勤向上　宁静致远要牢记
热爱运动常锻炼　保护视力健身体
美好事物润我心　爱美创美我最行
亲力亲为去劳动　躬身践行争第一
团结友爱乐学习　诗意成长永上进

我们的小干部组织：以品德、能力、表率为重点考察范畴（见下表），通过民主选举为主的方式确定班干部。把那些德才兼备的同学选出来，让他们担当起管理班级的重任。

小干部考察范围			小干部评选方式	小干部评价方式	小干部上岗方式
品德	能力	表率			
品行端正 勇挑重担 为人真诚 关心集体 愿意服务	组织能力 管理能力 号召能力 协调能力 表达能力	自觉遵守纪律 积极参加活动 乐于自我奉献 能够以身作则	民主选举为主 引导推荐为辅	自评 互评 群评	竞争上岗 定期轮换

我们的小队：以"寒梅、幽兰、空竹、雅菊、青松"诗意高洁的意象命

名，每组9人。

我们的评星活动：以雏鹰争章为指导，在班级实施五星评比，从智慧星、洁净星、礼仪星、活动星、锻炼星等五个方面进行评价。

养礼：我班在"诗礼文化"的浸润中看故事、读经典、学礼仪，在民主管理中训礼，在全员参与和体验中养礼，从而让品德、能力提升，让孩子们在美好的氛围中渐渐养成儒雅有礼的风貌。

二、诗与智的结合

诗性智慧启童年。诗歌是极具隐喻性、想象力、拟人化的审美创作，诗性的智慧是通过想象来构建的智慧，是人类的一种创造性的能力。

"诗智"育人促成长。中华民族的诗性智慧表现于诗歌精妙的比喻、奇特的意象、简洁而又富于生活质感的诗性语言。我班以读诗、诵诗、写诗为依托，通过诗歌特有的风骨去感悟和体会，通过个人的思考去创作，进而达成育人目标。

途 径	活 动	目 标	评 价
学习经典诗词	经典诗歌推荐会	建立民族认同 传承民族精神	师生民主投票
	班级诵诗大舞台	感受先人智趣 引导尚美向善	
人人创作诗歌	班级诗集创编	锻炼协调能力 激发创造能力	

三、诗与健的结合

1. 锻炼体魄健童年。

习近平总书记在北京市海淀区民族小学座谈时就提出，希望孩子们要文明精神、野蛮体魄，把身体锻炼好，把知识学好。孩子的健康对于个人、家庭、民族有着至关重要的意义。班级管理必须将锻炼体魄提到重要的高度，还要将其有机统一于班级建设中，致力于让孩子达到身心健康的目标。

2. "诗健"育人助成长。

创意诗歌做锻炼：用诗歌丰富锻炼形式，例如在做阳光运动室内操时，将手指操配以诗歌《春晓》，再加上活泼的旋律，别有一番诗情，深受学生喜爱。

以诗载情去创作：在"诗意成长"的目标下，让学生在运动中体验到酣畅淋漓的感觉，在运动后指导学生创作运动诗歌，在观看大型运动项目后集体创作，这些创作的诗文虽然稚嫩，但激发了学生在运动中感受、在观赛中思考。

适时而为促健康：二十四节气是中华民族悠久历史文化的重要组成部分，体现了中国人对自然认知的独特性、与自然和谐相处的智慧和创造力。活动中引导学生探寻节气蕴含的奥秘，研究它与生产、生活、身体之间的关系，从小学习民族的、科学的、大众的中华传统文化。

在不同节气所在的时间段用班会课读懂形容二十四节气的代表诗句，再根据节气的特点选定大家喜欢的运动，这样既培养了学生的科学探究精神，提高了健康的生活意识，又坚定了文化自信。

节气	锻炼项目	锻炼益处	诗　歌
春分	放风筝	活动肌肉 放松身心	乾坤平分昼夜，却是燕子来时。 水边新绿野菜，陌上粲然花枝。
清明	郊游	呼吸新鲜空气 促进新陈代谢	烟雨十里春深，落花轻覆草痕。 陌上青青柳色，心中念念故人。
小满	做八段锦	气温升高 平静心情	门前无边青麦，有鸟风中徘徊。 此心念念在远，墙头石榴花开。
大暑	游泳	适宜夏季锻炼 提高心肺功能	倏尔一阵微风，夜空划过流星。 天地从来如是，人世却总多情。
秋分	登山	增强体质 提高体能	月缺终有月圆，知我能有几个？ 面对无限江山，与谁平分秋色。
立冬	长跑	提高体温 气血调畅	一世繁华落尽，秋水深处泊舟。 江山无边寥廓，岁月几度闲愁。

四、诗与美的结合

1. 诗美共育美童年。

美育是培养学生认识美、爱美和创造美的教育。孔子就提出过"兴于诗，立于礼，成于乐"，蔡元培先生一生也都在倡导美育，而诗歌以其内外兼美千百年来占据了中国文学的高峰。笔者在班级管理中将美育与诗美融合共育，收获了1+1＞2的效果。

2. "诗美"育人乐成长。

创造美丽的环境。美好的环境能将文化育人的理念渗透到每一个角落。为全方位落实班级文化理念，呼应"诗意成长"的班级文化建设主题，进行了主题墙面设计，并创建富有诗意的区角，营造诗意的氛围，其中还根据不同年段、不同时期的活动开辟展示区。如此，让班级文化润物无声地浸润了学生心田，让活动评价立体呈现，让美好的环境促进了学生成长。

营造美丽的氛围。在班级里积极开展"把美留在地上、把美显在墙上、把美揽进柜子、把美挂在嘴边"的"四美"活动，让"班级软文化"独有的、无声的、渗透性的教育影响着学生，让教室成为培育学生综合素养的摇篮。

结合优美的艺术。用优美的旋律唱诗；用书法作品呈现诗；用文学的手法写诗；用美丽的画作配诗；用"美"的眼光创编诗集……这一系列综合性的美育活动，对于促进学生的全面发展具有不可替代的作用。

五、诗与劳的结合

1. 劳有所获益童年。

在学生中弘扬劳动精神，教育引导学生崇尚劳动、尊重劳动，懂得劳动最光荣、劳动最崇高、劳动最伟大、劳动最美丽的道理，长大后才能够辛勤劳动、诚实劳动、创造性劳动。在班级管理中抓好学生的劳动教育，用劳动激发学生的追求；通过劳动引导学生去体验劳动的价值，在劳动中去培养人的素质，帮他们从小打好爱劳动的基础，培养会劳动的习惯，树立劳动观念。

2. "诗劳"育人共成长。

只有亲身体验才能懂得劳动的不易，才会珍惜劳动的果实，才能体会收获劳动成果的乐趣。在班级建设中为学生创设劳动的机会，搭建劳动平台，倡导劳动的意义。班级劳动活动有班级扫除、值日服务；家庭劳动有家务劳动展示；社会劳动有劳动基地参与、春秋社会实践、公益活动等。各项劳动体验都会不间断地持续推进，以劳动深化教育。在"诗意成长"的目标下，在劳动中用诗歌记载情绪，孩子的记忆会更加深刻，能切实实现用诗歌传承中华美德的愿景。

特色和成效

在班级建设中，以历经千百年沉淀的国学经典——诗歌为媒介，建构理念、设置目标。立足"立德树人"这一根基，在实践中把诗与"礼、智、健、美、劳"相结合，切实贯彻"五育并举"的方针，并从课程育人、管理育人、活动育人、文化育人、实践育人等多角度打造系统化的实施方略，并与我校"公民素养教育"这一成熟的德育课程体系相融合，整合资源、全面开发，从不同维度为"诗意成长"搭建较为完备的路径。

在近两年的实践中，学生们有成长、有进步，"诗意班级"得到了师生的认可和赞扬、家长们的协同和称赞，多次被学校评为"优秀中队""优秀班级"，还被团区委评为"区级优秀中队"。在学校的运动会、科技节、艺术节、阅读节等活动中更是全面开花，学校的各项社团活动中也都有我们班学生的身影。学生们更是积极参与各种展示和比赛，近两年获市区级和国家级荣誉的学生有 42 人次。大家始终在朝着儒雅有礼、勤学向上、身心健康、与美为伴、热爱劳动的目标不断迈进。

成长本就是一首诗，愿守望着诗意的童年，让每一颗小草鲜绿，让每一朵小花芬芳。

重庆市渝中区中华路小学　诗意中队　黄素颖

争当"小先生" 养成"小公民"

　　十年前,我刚成为班主任,还很稚嫩,面对学生的一系列问题,我最大的本事就是"咆哮"。这样的管理模式治标不治本,我的心也在这样的"爱恨情仇"中起起伏伏,身心俱疲。为了改变这样的现状,我想,解铃还须系铃人。

　　于是,我开了一次班会,让学生畅所欲言,提出班级管理的建议,其中让我印象最深刻的一句话是:"老师,你能不能少操点儿心,这样你就会少生气了。"我不禁反思自己心累的原因:对学生的控制欲望过强。要改变这种状况,必须激发学生的内驱力,是让学生自觉改变,而不是被迫改变。陶行知先生提出的"小先生制"让我深受启发,我决定做一个大胆的尝试。

　　我以学校"公民素养教育"为依托,以"知行合一,养成公民"为育人理念,以"小先生"之名、之行、之能为路径,致力于培养有理想、有本领、有担当的新时代小公民。

■ 班情分析

班级情况一览表	
整体概况	本班44人,男生24人,女生20人,男、女生比例相对均衡
家庭情况	全班有15名学生的父母在事业单位工作,其余29名学生的父母有一方从事个体经营,家庭经济状况普遍良好
学业及个体差异	班级学生学习基础较好,除有2名学生好动外,其余学生自律状况良好
特点分析	活泼好动　自控力较差 大方自信　自我为中心 思维敏捷　自觉性不强

　　在班级组织的《公民素养能力调查》问卷中,反馈出学生公民素养还未形成甚至是缺失,具体呈现如下图(注:本次问卷采用钉钉线上无记名填写,各项满分为10分)。

学业责任：3.6	家庭责任：2.8	班级责任：3.1	社会责任：2.2

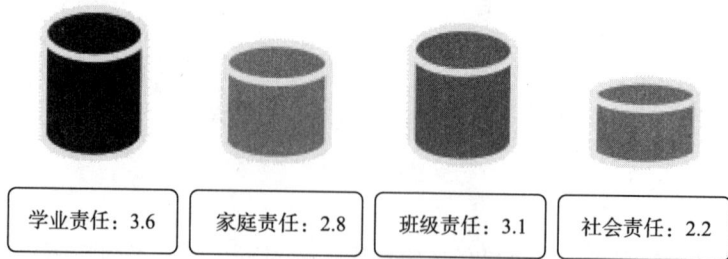

根据上图反映出的班级现实问题，经过反复思考，我决定在班级建设中引入"小先生制"，以"知行合一，养成公民"为育人理念，以学校"公民素养教育"为依托，以"小公民行动"课程为路径，致力于培养具备现代公民素养的新时代小学生。

育人理念

我校在长期的办学实践中，逐步形成了"知行合一、养成公民"的育人理念。"知行合一"是明代著名哲学家王阳明提出的重要思想，受到教育家陶行知先生的推崇，他在"知行合一"思想的基础上，结合杜威"教育即生活"的教育理念，提出了"生活即教育"的理论。

为了更好践行生活教育，20世纪30年代初，陶行知先生在教学实践过程中不断尝试并最终确立了"小先生制"的教育组织形式。"小先生制"依据"即知即传人"的原则，采取小孩教小孩、小孩教大人的方法，融合了"教学做合一""生活即教育""教人做主人"等理念，体现了"以生为本"的人本教育思想、"师生平等"的民主教育思想、"培养创造"的儿童教育思想、"着眼发展"的合作学习思想和"崇尚实用"的生活教育思想。"小先生制"立足于每个学生身上独特的闪光点，重在发挥主体作用，这是陶行知先生"生活即教育"理论的精髓，这对新时代的教育也有着重要的指导意义。

在责任和使命的召唤下，我以党的教育方针政策为指导路线，按照"以生为本"的教育思想，利用"教学做合一""生活即教育"的理念，发挥"小先生制"的民主教育功效，并以"小先生制"为班级发展实践模式，帮助孩子达成"知行合一，养成公民"的目标，最终实现"培根铸魂、启智养德"。

班级发展目标

小学是孩子们接受系统性教育的起点，也是孩子们真正从家庭走向社会、走向世界的起点，是走向终身学习的起点。虽然每一个孩子的成长周期和节奏各异，但学校教育时间轴上最初的六年，很大程度上奠定了他们的人生底色。对于这一点，中华路小学尤其珍视，希望每个学生的六年学习生涯能够开启他们美好而幸福的学习型人生。

我将学校较为成熟的德育课程体系作为顶层架构，取其《小公民行动课程》为实践依托，与《义务教育课程标准（2022年版）》中的"有理想、有本领、有担当"的培养目标相结合，针对班情，尊重学生身心发展特点，遵循班级建设规律，制定了班级发展目标。在目标推进中，做到有层次、有梯度。从搭建公民意识出发，到形成公民态度，再到树立公民责任，最终践行公民行动，从而"养成"现代合格公民。（如下图所示）

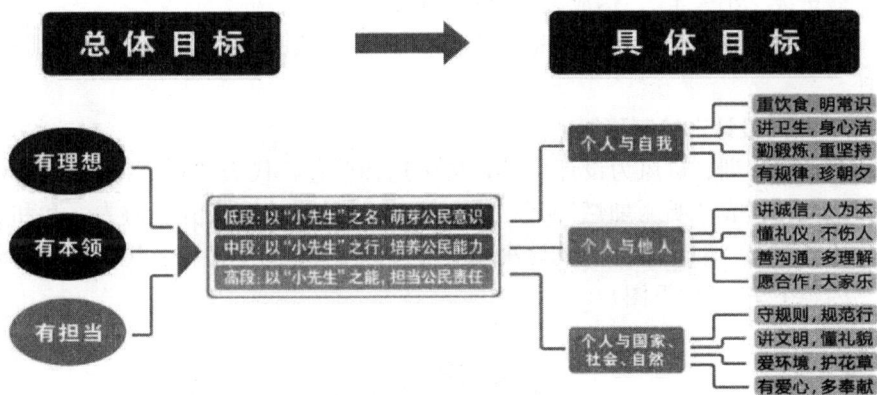

"小先生制"强调从儿童立场出发，体现了作为"大先生"的教师对学生的理解、引领与"权力下放"。作为"大先生"的教师，应顺应学生的天性，理解学生的需求，尊重学生的权利，让孩子们在自由、平等、开放的环境中不断提升素养，获得全面发展的能力。因此，在教育实践中，坚守学生本位是落实"小先生制"的必然前提。

带班策略

为此，我和孩子们共建了以"小先生制"为基础的班级发展实践模式，在班级文化建设中凸显学生主体地位、在班级管理中建立民主决策与共建共理机制、在活动组织上激发学习与创造、在评价发展中养成习惯与能力、在协同育人中助推品格能力与公民素养，聚焦学生发展，培养学生适应未来发展的正确价值观、必备品格和关键能力，成长为未来社会合格公民。

（一）"小先生"共建班级"小公民"文化

正如陶先生所言："我们必须使大家承认小孩能做教师，然后教育才能普及，小孩的本领是无可怀疑的。"在班级的文化建设中，让学生转换角色，既是自己的"小先生"，又是同伴的"小先生"。

1. 共同思考，创意队名。

"爱上一个家，先要亮出一个名"，班上学生人人思考、积极献策，各小队民主讨论，"太阳小先生之队""雏鹰小先生之队""未来星小先生之队"……呼之而出，为形成团结友爱的班集体打下了基础。

2. 共同讨论，确定班风、班训。

班风为："人人参与，各见其能"，人人参与班级建设与管理，发挥自己所长，做班级"小先生"，达成人人成长的目标。

班训为："关心天下事，做好身边事"，意为从身边小事做起，养成公民责任。

3. 共同设计，绘制班徽。

我们以班训、班风为设计灵感，男生选择蓝色，代表"宽广深邃"；女生选择红色，代表"明丽灿烂"。以"同心圆"设计表达班级齐心协力、和和美美的愿望；以"璀璨星光"设计寓意在中华园的沃土之上共生共长、奔向未来、闪耀中华。（如下图）

4. 布置教室，创建特色。

我们的教室布置也"人人参与，各见其能"，学生们自主根据班级的特色打造了"小公民"成长展示台，"小公民"之星评比栏，"小公民"奇妙博物馆，"小公民"植物园，"小公民"信箱……营建小公民成长中的文化氛围。

（二）"小先生"实施班级自主管理

我将班级管理权还给学生，通过建立民主平等的师生关系、激发学生班级主人翁意识、培养学生管理班级的能力等方式，让学生主动承担管理责任，从而在日常管理中切实提高他们的综合能力。

1. 共同制定"小公民"班规。

人人有事做，事事有人管，也要人人有约束。学生们在班会课上根据班级所出现的问题，进行小组合作研究，形成提案，一一提出解决问题的具体奖惩办法，在此基础上，形成了班级的特色公约。（见下图）

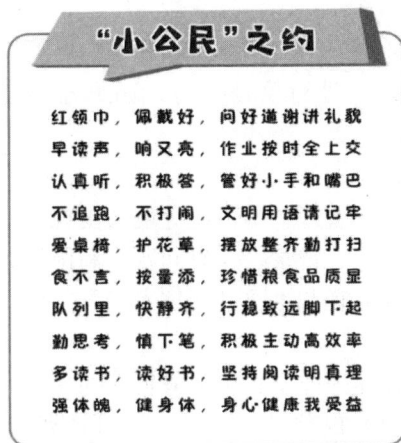

"小公民"之约

红领巾，佩戴好，问好道谢讲礼貌
早读声，响又亮，作业按时全上交
认真听，积极答，管好小手和嘴巴
不追跑，不打闹，文明用语请记牢
爱桌椅，护花草，摆放整齐勤打扫
食不言，按量添，珍惜粮食品质显
队列里，快静齐，行稳致远脚下起
勤思考，慎下笔，积极主动高效率
多读书，读好书，坚持阅读明真理
强体魄，健身体，身心健康我受益

2. 共同设置"小先生"岗位。

班级管理不是几个人的事，而是全班学生的事，秉持着"人人参与，各见其能"的班风，建立人人都是"小先生"的班级管理制度，根据自己的能力特点选择胜任的岗位，承担自己能承担的责任。（岗位职责如下图所示）

我是班级"小先生"

职位	职务
检察长	加盖印章，提醒小助手履行职务
和谐小天使	维护课间纪律
口令员	排队集合整队
图书侍郎	整理书架
牛奶小队长	提牛奶、发牛奶、整理牛奶箱
节能小天使	开关教室电器
一架之主	整理置物架
清洁大师	检查教室清洁
晨读小队长	组织晨读
跑腿大师	积极帮助老师、同学，助人为乐
小组长	收发作业、负责自主分享人员安排
小组长	
小组长	
小组长	
小组长	
小组长	
语文科代表	收发作业、课堂积极发言

3. 共同实施"小先生制"。

在学生自我管理班级的过程中设立完善的监督和评价机制，及时反馈情况，将监督检查工作贯彻到日常学习和活动的全过程中。基于班级管理的方式，班级里形成了"三大机制"。

（1）内部反馈机制。

针对学生们在班级自主管理当中出现的问题，学生们通过设立"小公民信箱"，采用不记名的方式进行反馈，每周五班会课进行汇总，便于修正问题。

（2）外部指导机制。

由于小学生阶段在班级管理上不可避免地会出现的一些疏漏，在实际管理过程中，班主任会积极观察、记录、收集问题，利用每周一班委例会时间，对遇到的问题进行分析，对路径和方法进行技术指导。

（3）评价引导机制。

只有"教学评"一体化才能全方位促成目标的达成，在班级管理中我班以获得"中华星"累计兑换心仪奖品为激励，每月还评选"人气管理小先生"，而累计三个月被评为"人气管理小先生"，就会成为"模范管理小先生"称号。通过一系列评价措施，班级内形成了团结互助、积极向上的良好班风，增强了班集体的凝聚力和团队精神，进一步促进了师生共同去探求更好的管理方法，对学生的综合能力提升也起到了巨大的推动作用。

（三）"小先生"参加"小公民"成长活动

"小先生制"的显著特征是把话语权还给学生，充分认识学生和教师的平等地位，充分发挥学生的主体性，使学生主动参与到班级活动中去，成为学习与成长的主人，促进"小公民素养"的全面形成。

1. 以多重路径搭建活动平台。

班级在推进"小公民行动"时，制定了"五个一"实施路径，结合固定的平台为学生的各项活动提供可能和方向。（如下图）

一个中心	班级成立一个"小公民行动"中心，"小先生们"各司其职、各见其能，担当起班级活动管理的重任
一份特刊	学习委员和宣传委员负责每月创办一份特色班报——《新闻时时评》
一个平台	师生和家长将有价值的班级活动推送到班级公众号中共同阅读、评论
一块阵地	利用朝会、主题班会课，开展每周主题活动
一个系列	开展"小公民行动"主题系列活动

2. 以寻根文化厚植家国情怀。

（1）在节日中探究中国传统文化。

班级开展"小公民行动"主题系列实践活动之一便是在传统节日里探究中华文化。从"我们的节日——春节"到"中华星带你话端午"，从"我们的节日——中秋"到"又见重阳"，学生们将从课本上学到的知识，运用到课后的自主探究中，进一步感受传统节日背后的文化魅力，从而更加热爱并发扬中国传统文化，厚植家国情怀。

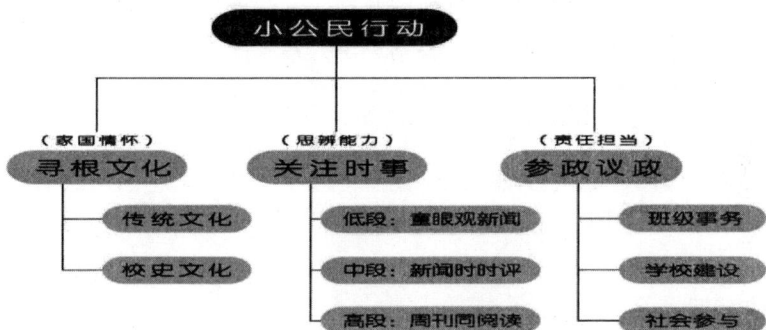

（2）回顾"校史"，激发责任意识。

开展"小公民行动"之校史体验活动。本活动以"为校庆献礼"为导向，秉持着"把学习的世界还给学生"的理念，设定"中华——物""中华——事""中华——人"三大活动线，组织开展了"探秘中华园""中华校服考""群星耀中华"等跨学科综合实践活动，传承"百年校史"，培养学生创造能力的同时，激发学生的责任意识和担当，为把学生培养成为具有华夏根基和国际视野的现代合格公民奠定基础。

3. 以关注时事培养思辨能力。

以"关心天下事，做好身边事"为班训，是与"小公民行动"的目标内在契合的。"小公民行动"的目标正是要帮助学生们初步了解现阶段的国情，引导学生们仰望星空、脚踏实地。因此，我们分年段依次构建了"童眼观新闻、新闻时时评、周刊同阅读"三个活动内容，开阔学生们的眼界，培养其思辨能力。

4. 以参政议政培养责任担当。

培养学生的行动能力，主动参与公共事务，并能提出自己的建议和意见，也是"小公民行动"的目标之一。我们在班级里建立"三个会"：每周一例会、每月提案会、每季信息宣传会，及时处理并解决班级事务，为班级建言献策；组织"三层推选"：通过小组评议推举"提案发言人"，到班级大比拼评选出

"参政议政小先生"，并择优推荐参加学校的"校长圆桌会"；实现"三个阶段"：由为班级建言到为学校提案，最后面向社会，参与社会事务管理。

在"小公民行动"主题系列活动中，"小先生"通过深入参与、总结反思，公民责任逐渐形成，可见，"小公民行动"是班集体健康成长的有效途径。

（四）"大先生"联手"小先生"，助力学生成长

只有给学生提供真实的生活场景，才能实现知识的"高通路迁移"，从而达成教育目标的真实落地。学生的生活离不开学校、家庭和社会，三者合一，才构成了真实的生活场景。家校社协同共育，才能更好地发挥教育的功能，才利于学生的健康发展，才利于养成合格公民。基于此，我在班级工作中充分整合各种资源，形成教育合力，共育"中华星"。

1. 开发家校活动。

开展亲子阅读、互爱劳动、锻炼比拼等"小手牵大手"系列活动，并评选出各大领域的"大先生"和"小先生"，并利用班会时段开发"家长课堂""亲子课堂"，让优秀的"先生"们交流展示，我们还走向社区、服务社会，学会做人做事，增强了学生的社会责任感。

2. 拓展校外课堂。

整合班级家长资源，成立"先生大课堂"，在家长的陪同下走到校外，走进社区、博物馆、红色文化场馆等场地，开展体验式学习，不仅拓宽了孩子们的眼界，还为班级开展"小公民行动"填补了校外教育阵地上的空白。

3. 融合学科力量。

密切与科任老师沟通、达成共识，共同培养"小先生"。邀请科任教师参与班级活动，并提出相应的活动建议。此外，将科任教师的评价与班级评价相结合，形成班级管理的教师团队，让每个学科都成为培养"小先生"、养成"小公民"的教育力量。

▨ 特色和成效

在班级建设中，遵循"以生为本"的教育思想，利用"教学做合一""生活即教育"的理念，以"小先生制"为班级发展实践模式，设置"五育并举"的目标。在实施过程中，从文化、制度、活动和家校社协同共育等途径打造较为系统化的带班方略，引导学生当好"小先生"，养成小公民。

几年来，学生以"先生"之名规范言行，厚植了爱党、爱国、爱家乡的情怀，公民素养逐渐形成；大家关注班集体、参与班级管理与校园事务，为班级、学校和家乡建言献策。班级学生先后参加全国、市区级主题读书活动、

"寻根母城记忆"社会实践、"我是防疫小当家"等行动，全面彰显了小公民的素养，得到了学校和社会的认可，获得了一个又一个值得骄傲的称号："优秀班集体""五星班级""体能操集体项目第一名"……班级里还涌现出了"重庆市新时代好少年""重庆市优秀少先队员""渝中区十佳少先队员"……身为班级的班主任，我也和孩子们共同进步，被评为"区优秀教师""重庆市十佳少先队辅导员""全国优秀共青团干部"。

沉甸甸的荣誉，激励着"小先生"们不断朝着优秀"小公民"迈进。同时，也促进我不断更新教育理念，在实践中不断探索，努力成为时代的"大先生"，做学生为学、为事、为人的示范，坚守儿童立场，引导每一个孩子成长为德智体美劳全面发展的社会主义建设者和接班人，成为心智成熟、文明大气、自信乐观的现代公民。

重庆市渝中区中华路小学 "小先生"中队 齐 瑞

培根铸魂 "荷"谐育人

　　君子之花——荷，风姿幽雅，"出淤泥而不染，濯清涟而不妖"，象征着做人脚踏实地，有高洁的品行与情操。结合学校"和"文化，"荷"既为其谐音，又能彰显班级育人理念。于是，我以"荷"为出发点开始了自己的"一班一品"探索之路。

班情分析

　　本班共有学生41人，男生23人，女生18人。整个班级精神面貌好，学习风气积极向上，同学间团结友爱，班级凝聚力较强。男生较之于女生更加活跃，且主事能力更强。女生普遍性格温和内向，守规但缺乏一定的主见。在接纳学生个性特点的同时，也意识到男生活泼有余，但沉稳不足，女生内敛安静又缺乏自信，两极分化比较明显。针对这一班级现状，制订相关的班级管理目标，促进学生扬长避短，全面发展。

育人理念

　　《中小学德育工作指南》指出："全面发展"包括养成良好的政治素质、道德素质、法治意识和行为习惯，形成积极健康的人格和良好的心理品质，使学生身心、道德、学业、人格和谐发展。

　　人和街小学坚持"人和为魂，和谐育人"的办学理念，以"人和文化"作核心引领。"和"就是人和街小学办学的核心思想，"荷"谐音为"和"，荷素来给人以风姿文雅、品行高洁之感。

　　结合学校"和"文化，创建"荷香"班级，引导学生在班级"荷"文化的熏陶下，从课程、文化、活动、实践、管理等多途径打造实施策略，让学生成为全面发展的"人和"少年。

班级发展目标

　　1. 总目标：以"荷"为媒介，以"人和文化"为核心，努力通过多种育人途径让学生在身心、道德、学业、人格方面得到全面发展，向身心健康、乐观积极、团结感恩、勤奋向上的目标迈进。

2. 分目标：

学段	培养目标	培养主题	具体内容
低段	懂规　有礼	我是懂规乖苗苗 我是有礼小蓓蕾	1. 备齐学具准时上课 2. 专心听讲发言举手 3. 坐姿端正书写认真 4. 不剩饭菜安静吃饭 5. 文明玩耍不乱疯跑 6. 轻声慢步靠右行走 7. 安静倾听不乱打岔 8. 待人有礼常说谢谢 9. 公共场所低声说话 10. 外出活动听从指挥
中段	明责　感恩	我是明责小主人 我是能孝小明星	1. 认真学习善思考 2. 岗位职责要记牢 3. 维护清洁勤动手 4. 家务劳动要分担 5. 自己的事自己做 6. 理解父母常沟通 7. 尊老爱幼传美德 8. 爱护公物不损坏 9. 环保知识践于行 10. 志愿服务献爱心
高段	守诚　创新	我是诚信小公民 我是"六质人'荷'"娃	1. 合理制定目标，脚踏实地完成 2. 诚信对待学习，如实汇报得失 3. 借物及时归还　努力践行承诺 4. 正视个人缺点　真诚悦纳自我 5. 珍惜热爱生命　健康积极生活

带班策略

　　荷香班级以"荷"为媒介，通过课程、文化、活动、实践、管理等育人的多种途径，抓好理想信念教育、社会主义核心价值观教育、中华传统文化教育、生态文明教育和心理健康教育，使学生全面和谐发展，达成班级总目标。

一、含笑迎风

——荷之含笑，笑而不显。

文化是人们思维方式和行为方式的总和，它无处不在。

1. 隐性"荷"文化，深藏于班级风貌的建设之中。

班名、班徽、班规、班训等都是班集体的形象体现，不仅能培养学生的道德情操，更能增强班级凝聚力。

以学生为主体，借助班队会课，以招标的形式征集学生意见。班徽设计由学生自主完成，最后民主投票决定，成为荷香班级的正式 logo。班训的来历更是有趣，学生分成数个小组，通过查找资料等方式，商量出与荷花有关的、导向积极且朗朗上口的班训："四班四班，很不简单，荷香荷香，人和之光。"从此，班级口号应运而生。

2. 显性"荷"文化，深藏于班级环境的建设之中。

（1）妙思景观规划。

通过"班级景观设计大赛"，引导学生设计班级绿色规划。学生通过培植睡莲，画荷花，书写荷花的诗句等，创造"荷香班级"特色景观。在班级里，书柜、讲台上是水培荷花，墙上挂着"出淤泥而不染"的名句。展示墙上，每个学生的笑脸都绽放在一朵含笑的荷花里，甚至图书角、清洁间都贴着荷香班级的 logo。

（2）巧用 logo 评价。

班级评价机制分成了不同的学段，低中段使用"小荷才露尖尖角"的评比栏粘贴在班级文化墙，并订制带有班级荷香 logo 的小贴画，代替传统的小红花。到了高段，订制专属"香币"（一种用于奖励的特色流通货币，如下图）。

（3）设计"荷香"冷静角。

设立"荷香角"，给学生独处的空间。班级教室的一处小角落有幽香的莲花，有"人静看荷赏景，风漪小浪映红。"三两句与荷花、心境有关的诗句，这些能很快让孩子平复一时激动的情绪，缓解班级冲突。

二、含苞待放

——待时喙雨露，放绽使人惊。

1. 班规的"制订"与"自订"。

低年段，班规最开始由教师来制订，中年段时开展"我的班规我制订"相关活动，根据荷花的特质初定班级目标，全班共同参与编写特色班级约定，包括规定和奖惩制度，全班同学签字盖手印。满满的仪式感加上规则意识的植入，学生不再被动地执行规则，而是积极参与到班级管理中来，"晋升"为班级管理者。

2. 班级管理"集团化"。

三年级伊始，我们班就开展了"明责教育"的阶段化系列教育主题活动（见下图），希望通过课程和活动，让"责任"意识在学生心中生根发芽。我们班把班级岗位划分成三大"职能部门"：环保部门，分管小组清洁、值日生、生活员、公区责任人等；组织部门，分管黑板报、课堂纪律登记、班队会开展等工作；行政部门，包括作业收发、学科交接、作业登记等工作。除此之外，另设"民间组织"，自愿报名。如"金牌律师事务所"，招聘金牌律师，负责解决同学们简单的"民事纠纷"；"安保公司"，聘用安保人员负责课间安全；"天使公司"，由各科学霸组成，解决作业答疑，有求必应……"荷香中队"印制、发行有荷香 logo 的"香币"，可以兑换奖品，可以开公司。公司得向"政府"缴纳一定数额的香币用于注册资金，营业范围必须对班级学习、纪律、卫生有积极作用。教师根据班级实时情况，采取适当的手段与措施，带领全班同学对班级中的各种资源进行计划、组织、协调、控制，实现教育管理目标。实践证明，学生在明责、守责、担责的过程中，锻炼和提升了自己的能力，绽放了自我。

"明责"教育系列主题班会第4期：

小岗位 大责任
岗位职能调整会

三、步步莲花

——智慧转万物，步步莲花生。

班级以中心任务、重大节日、纪念日和规定教育月（日）等为教育契机，结合理想信念教育、社会主义核心价值观、中华传统文化教育、生态文明教育、心理健康教育等内容开展主题教育活动。活动体现时代性、全面性、分层性、自主性、体验性和创造性，活动反馈则具有多样性。

仪式活动让学生有更好的参与感。结合人和街小学的德育年段目标，班级也开展相应的活动。一年级的"懂规"教育，以入队仪式的形式开展主题教育活动；二年级的"有礼"教育，举行礼仪童谣的展示活动；三年级以"明责"为主线，进行年级"责任公区的认领"；四年级则是"能孝"为主题，开展十岁集体生日感恩活动；五年级以"守信"为主题，开展诚信誓师大会。到了六年级，毕业生"会和"，举行小学毕业典礼。加上班上每个月的"岗位星"颁奖仪式，集体生日会等，让班集体更有向心力。

主题活动区别于传统活动，它以学生为主体，选择合适的话题为中心进行延伸，更具系统性和现实意义，如"逐梦新时代，祖国发展我成长"主题教育活动中开展的实践活动。

培养劳动意识，学习劳动技能。通过制订各学段劳动目标，对照目标，班上的学生每天参与劳动打卡，如为家人分担一件家务事，体会父母的辛苦。

在以上各种活动中，教师充分挖掘活动的教育意义，让学生的道德认知和道德情感在潜移默化中得到发展。

四、出水芙蕖

——出水芙蓉 清新不俗。

实践活动是为学生提供动手实践的机会，使其在实践中全面提高综合能力，丰富视野和知识经验，如定期开展消防、地震等安全实操演练，让学生懂得珍爱生命。每学期午间的"闪亮十分钟"活动，班级以中华传统文化为切入点，进行轮流分享。学生自己上网查资料做 PPT 进行宣讲，主题丰富多彩，"中医文化""书法鉴赏""戏剧""传统服饰"……提高学生对中华优秀传统文化的精神内涵的理解，增强文化自信。

每年结合学校德育活动安排，组织参观爱国主义教育基地或革命纪念馆，进行革命传统教育。我们的研学活动曾走进农场，亲自参与农事活动，动手剥包谷、种植物，让学生体验粮食的来之不易，体会劳动者的辛苦。班级学生也曾以小组为单位开展"品巴渝火锅 寻巴渝英雄"综合性实践研学活动，通过搜集资料，调查访问，沿着渝中地图寻访母城英雄，以制作研学手册、绘制英雄图鉴、设计英雄卡、拍微视频等各种形式，在实际行动中感受并传承巴渝优秀文化。

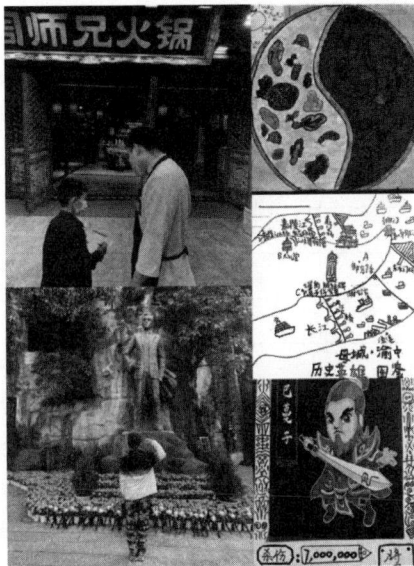

五、花开并蒂

——莲本同心 花开并蒂。

1. 书香悠悠，共建学习计划。

（1）为了让孩子爱上作文，写好作文，家委会组织学生把自己的优秀作文整理上传，形成班级特色作文集。

（2）为培养阅读兴趣与习惯，发掘学习主动性与创造性。寒暑假期间，家委会发出"提升阅读和写作能力倡议书"，推选家委会监督员，鼓励孩子分组建立微信小群，抱团阅读打卡（见下表）。

2022 年暑期阅读记录表（乐读小组）

项目 \ 姓名						
7月4日	必读	阅读书籍				
		打卡方式				
		阅读进度				

（续）

项目／姓名							
7月5日	必读	阅读书籍					
		打卡方式					
		阅读进度					
7月6日	必读						
7月8日	必读						

2. 爱心满满，搭建公益桥梁。

家委会牵头，带班级所有学生到户外当志愿者，参与公益活动，如收拾垃圾、美化公园、团队拓展……

家校社合作，共建良好平台，共同开发校外课程资源，是对校园活动的补充和延伸，发挥出教育的整体效应。

六、接天莲叶

——接天莲叶无穷碧　映日荷花别样红。

教师利用德育教材，整合学科资源，开展多样化的德育活动，让学生获得积极的道德情感体验。

重视劳动课程的开发：优化德育标准，把学校劳动、家庭劳动、社会劳动相结合，从劳动观念、劳动能力、劳动精神等三个方面对学生平时的劳动情况进行过程性评价。

特色和成效

在班级建设中，以"荷"为媒介，建构理念、设置目标。抓好理想信念教育、社会主义核心价值观教育、中华传统文化教育、生态文明教育和心理健康教育，使学生全面和谐发展，最终实现育人目标。并与我校"人和六质"这一成熟的课程体系相融合，整合资源、全面开发，通过六大育人途径设计了较为完备的方略特色。

几年来，"荷香"伴随班级学生共同成长，学生们像荷花一样从含苞待放到亭亭玉立。通过实践活动，学生的爱国意识和社会责任意识在不断增强。在各项活动中，学生逐步了解中华优秀传统文化和革命文化，提升了自己的政治素质、道德素质、法治意识等。他们注重体育锻炼，热爱生活，在运动会中大显身手，成绩显著。他们热爱阅读，在重庆市科幻征文中获得了不错的成绩，本人也因此成为"优秀指导教师"。在重庆市渝中区的主题班会微班会比赛中，孩子们团结互助，积极为集体出谋划策，获得了一等奖的好成绩。同时，近几年，荷香班级还多次赢得学校"文明礼仪示范班级"的光荣称号。

荷香班级就是一个家，学生就像是我的一个个孩子，很欣喜地看着他们个个扬起阳光而灿烂的笑脸。希望荷香班级里的每一个"人和"少年全面发展，"荷"谐成长！

重庆市渝中区人和街小学　荷香中队　罗　璇

以球为媒　知行合一

　　"教之道，德为先。"为落实"立德树人"的任务，践行我校"知行合一、养成公民"的育人理念，经过多年带班经验，我发现"校园足球"是实现让学生从道德认知的"知"到道德情感和道德意志形成的"行"的有效途径。

班情分析

　　本班44人，男生23人，女生21人。班级学生活泼好动，男生大部分思维活跃，喜欢运动，女生相对沉稳内敛。通过观察，我发现学生有突出问题。有些男生争强好胜，经常会因一些鸡毛蒜皮的小事大动干戈，甚至拳脚相加；部分女生则"玻璃心"，娇气，怕困难，遇事爱哭。虽然多次教育他们要和睦相处，要勇敢自信，但效果不佳。究其原因是学生"知行"脱节的情况有些严重。

　　结合我班男生争强好斗，女生娇气爱哭的特点，我想到可以借用足球精神激发男生把好斗的性格用在成长上，并借助足球运动彰显的拼搏精神唤醒女生内心的坚强。因此，我决定班级建设以足球为媒介，养德促智，强身健体，让学生在"德、智、体、美、劳"方面全面发展，做知行合一的合格小公民。

带班理念

　　毛泽东在《体育之研究》中讲到：文明其精神，野蛮其体魄。文明精神是为了清醒头脑，开智明德。野蛮体魄是为了强健身体、磨炼意志。教育的根本目的就是"人的完整的实现"，是促进头脑和身体、意志和思想的全面发展。足球活动是一种体育运动，也是一个育体、育心的过程，更是贯彻素质教育，促进学生全面发展的重要途径。

班级发展目标

　　总目标：
　　结合学校"知行合一、养成公民"的办学理念，坚持"公民素养教育"的特色定位，创建"大拇指"班级，以足球为媒介，与"树德、启智、健体、育美、爱劳"相结合，培养有理想、自信、团结、具有拼搏精神的新时代小公民。

分段目标：

学段	主题	学生成长目标	班级发展目标
低段	懂礼仪 会合作	1. 爱祖国、敬国旗、会国歌 2. 讲文明、有礼貌、懂礼仪 3. 友同学、乐分享、会合作 4. 认真听、勤发言、善思考 5. 爱劳动、讲卫生、美环境	1. 班级风貌井然有序 2. 班级环境整洁卫生 3. 班级活动健康有趣 4. 班级文化润物无声 5. 班级学生人人发展
中段	知感恩 讲诚信	1. 尊老幼、敬父母、传美德 2. 守诚信、待人真、有信仰 3. 家务事、要承担、尽自责 4. 勤锻炼、多运动、贵坚持	1. 班级风貌积极向上 2. 班级环境整洁舒适 3. 班级活动丰富多彩 4. 班级文化浸润心灵 5. 班级学生全面发展
高段	乐公益 观实效	1. 乐公益、献爱心、践行动 2. 观时政、怀天下、志服务 3. 遵规则、守秩序、有公德 4. 定目标、做规划、常执行 5. 爱生命、正缺点、纳自我	1. 班级风貌勤学乐上 2. 班级环境文化育人 3. 班级活动全面开花 4. 班级文化精神养成 5. 班级学生特色发展

带班策略

大拇指班级以"足球"为媒介，通过班级建设、班级管理、活动组织、协同育人等综合运用，抓好知与行的有机结合，使学生全面发展，达成班级发展目标。

一、以"球"之形建设班级

1. 以"球"之圆完善班级文化内涵。

学生群策群力，通过投票的形式确定了"大拇指"的班名。班徽是一个展示班级活力和荣耀的标志，它是班级文化的提炼，能够反映学生的共同追求和归属感。通过确定班名，学生已经明确了"大拇指"的特质，在设计班徽时就会主动考虑这些特质，力图通过色彩、线条、图案、文字等的设计体现内涵。

最终，张纹菲同学设计的班徽获得了全班的认可，在后期设计中，还加入了校园黄桷树元素以及色彩的渐变，使班徽更富有班级文化内涵：内圆似一个大大的足球，中心有个俏皮的"大拇指"，表示最棒，象征着学生的自信。伸出大拇指，为伙伴点赞、为集体点赞，象征集体团结友好，阳光向上。伸出大拇指，为自己点赞，自爱、自律、自强、自立，做最好的自己！（见下图）随后，学生们又一起制定班规和班训。学生自主"创意—设计—解说—评选"的过程，就是一个不断完善班级文化内涵的过程，它将班级文化渗透在每个学生的心里。

2. 以"球"元素打造班级环境。

创设足球环境，打造班级氛围，力争让教室每一面墙壁、每一个角落都有足球元素。"足球小屋"是一个四层高的不锈钢架子，里面整齐地摆放着有学生名字的足球。"绿茵场"是用丰富多彩的活动照片展示学生在日常足球游戏、足球主题活动、足球亲子活动、足球趣味比赛中的状态。墙面上的"足球荣誉墙"悬挂着世界著名足球俱乐部旗帜、张贴着足球明星球场拼搏的海报，让学生认识足球明星、足球俱乐部、足球赛事。干净、整洁的"足球角"里存放着各种清洁工具。"足球书吧"图书角里摆放了关于足球的书籍《那些年我们一起追过的球星》《我们为什么要踢球》《生命的冠军》《我是迭戈》等。"足球新闻栏"里有学生摘要的足球新闻、足球赛事、足球故事等，由此，随处可见的足球文化在不知不觉中根植于学生心中。

二、以"球"之魂管理班级

以自己喜欢的足球明星或崇尚的足球队给自己小组命名，比如"罗纳尔多小队""梅西小队""C罗队""姆巴佩之队"等，每队自主设计小队徽，自编小队口号。

一年级时，根据学生需要设置岗位，以表格的形式在班级里进行公示，让学生通过自主选择、自愿参与的方式选择自己想要从事的岗位。三年级时，以"自愿＋轮岗"为主要方式，按照民主竞选的方法上岗。五年级时按照班级民主生活方式对某些热门岗位采用书面投标、演讲、投票，或评议等程序确定岗位。

岗位评价形式多样。采取自我评价、小组评价、班级大会评价、教师评价等多种方式，定期组织学生对各自岗位的工作情况进行评价。依据学生的年龄特点，岗位评价也采取不同的方式，并引导学生主动对自己履职情况积极自我反思。

还建立了"乐享足球"多元评价体系，实行个人、小组评比奖励制度，设立"颠球明星""互助明星""技巧明星""射球明星""守门明星""点球明星"等评价机制，评选优秀明星优先选拔进入校级足球社团。

三、以"球"之势开展活动

以活动为载体，激发学生参与活动的积极性，在形式多样的活动中勇于学习、不断提升，获得不同的情感体验，做到知行合一。学校每年要举办一届足球嘉年华活动，围绕足球落实德育年段目标，班级分年段开展了以下活动。

低年级围绕"懂礼仪""会合作"开展教育活动。通过绘本、电视等各种渠道认识足球明星，知道足球进球需要全体队员的配合。开展足球观赛礼仪培训、足球绘画评选、足球宝贝评比、设计班级足球旗帜、足球啦啦队的选拔。除此之外还开展校园生活礼仪培训、少先队员队礼教育，让学生明白小学生要做到守规则、懂礼仪、会合作。

中年级以"知感恩""讲诚信"为主题开展了讲足球明星故事、办足球明星讲诚信的手抄报、设计足球吉祥物、设计班级球衣、开展足球知识问答。在这些活动中，让学生懂得尊老爱幼是中国的传统美德，诚实守信是做人的基本原则。

高年级以"乐公益""观实效"为主线，了解足球明星进行公益比赛的目的及意义，开展"我与足球"故事征文、足球主题队会、班级足球联赛等活动，提高学生参与公益服务的意识。

在各种活动中，充分挖掘活动的教育意义，让学生的道德认知和道德情感在潜移默化中得到发展，达到知行合一。

四、以"球"之力凝聚教育合力

建设以班主任为核心的班级共育机制，调动每位教师参与班级管理，形成班级内部的全科育人合力。以学校足球课程为例，各科老师深度协同，共筑育人合力。

年级	德育主题	参与学科	课程内容
一年级	懂礼仪	体育与健康	学做足球操
		班队会	足球赛中有礼仪

（续）

年级	德育主题	参与学科	课程内容
二年级	会合作	体育与健康	规则在赛场
		健康教育	球场上的自我保护
三年级	知感恩	班队会	校足球明星——我们的榜样
		音乐	激动人心的足球歌曲
四年级	讲诚信	语文	我与足球的故事
		信息技术	阳光体育，快乐足球PPT宣传片
五年级	乐公益	美术	足球科幻画
		数学	绿茵场上的数学问题
六年级	观实效	英语	那些年，父辈们追过的明星
		体育论坛	我看中国足球

健全学校、家庭、社会协同育人机制，是新时代全面深化教育改革，落实立德树人的重要举措。学校充分调动家长力量，家长作为足球微课讲师、教练员、裁判员、讲解员参与到足球教育中来，同时把学校足球教育理念和方法带回家去，真正实现了家校共育。而整个足球嘉年华活动的组织者、策划者、运动员、裁判员大多数是家长和学生，射门比赛、运球比赛、点球比赛、5人制男女班级足球联赛、家长足球联赛、与联盟校之间的教师联赛……足球氛围弥漫整个校区，足球文化在校园传播。

整合班级家长的资源，在家长的陪同下，学生走出校外，积极参与社会公益活动，如"小红帽公益活动"走进区图书馆整理书籍、定期打扫街道卫生、给敬老院的老人们送去节目和温暖……

特色和成效

在班级建设中，以足球为媒介，运用足球文化建构理念、设置目标。在实践中把足球精神与"五育"相结合，并从班级建设、班级管理、活动组织、协同育人等方面实施方略，最终培育了充满活力、积极向上的班集体，促进了学生身心健康，全面发展。

几年以来，学生通过了解足球文化、运动技能，在参与足球文化活动的过程中，少了娇气、畏难，身上增添了一股坚毅、拼搏、团结的精神，同学之间有了矛盾也会平心静气地和平解决，很快握手言和。通过参与足球运动，无论是男孩还是女孩都比过去更加开朗活泼，赛场上大家团结协作，欢声笑语不断，教室里同学们团结友爱，更加互帮互助，快乐的情绪在班级里蔓延，感染到了每一位同学和老师。班级先后有多名同学参加校足球队，代表学校参加区级足球比赛，并多次获奖。班级在校级运动会上也多人次获奖，并多次获得年级团体第一。学生还多人次在市青少年 STEAM 科创大赛、市数学文化节上获奖，班级也先后获得渝中区 2021—2022 学年度"先进班集体""优秀少先队集体"的荣誉称号。

重庆市渝中区中华路小学竹园校区　大拇指中队　舒义虹

与兰为友　做"四雅"少年

在中国传统文化中，兰花淡雅而不失芬芳，一直以来都是高贵和优美的象征，人们常用兰花来形容高尚的人品和美好的心灵境界。我班通过全力打造充满"兰文化"的班级品牌，使得兰花之神韵伴随了每一位孩子的成长。

班情分析

本班共有学生 38 人，男生 20 人，女生 18 人。班级整体比较活跃，班干部队伍有号召力。然而，由于家庭教育的缺失，不少孩子规则意识差，学习用品乱摆乱放；贪玩，没有自制力；依赖心强，怕吃苦；还有礼仪、礼貌缺失等问题。古人曾说："做事先做人，做人先立德"。小学阶段正是学生良好行为习惯养成的最佳时期，学校是以德育人的主要阵地，应该把立德树人这一根本任务摆在首位，培养德智体美劳全面发展的社会主义建设者和接班人。

育人理念

孔子说："芝兰生于深谷，不以无人而不芳。"兰生深山中，馥郁吐幽香。它一枝在室，满屋飘香；它生性内敛，自有一副恬淡素雅的风韵；它笑傲风霜，直面严寒，历经磨难与艰辛……兰花所体现的精神特质，与中华文明和优秀传统一脉相承，在新的历史条件下，其教育功能是独特而值得深入挖掘的。教师通过开展识兰、养兰、赏兰、写兰、诵兰、学兰等主题活动，学习兰花之神，习得自强不息、坚韧不屈的精神品质；学习兰花之雅，习得雅仪、雅言、雅行、雅趣、雅志、雅量；学习兰花之德，习得不骄躁、不气馁、不慕虚荣的高贵品质。

班级发展目标

《中小学德育工作指南》依据中小学生的身心发展规律和学校教育教学特点，制定了不同学段的德育目标。小学阶段目标提出：教育和引导学生养成基本的文明行为习惯、养成良好的生活和行为习惯，形成自信向上、诚实勇敢、友爱宽容、自尊自律、乐观向上等良好品质。让学生学会参与社会活动，引导学生在参与各种学习和生活活动中初步树立规则意识。

结合学校"临江礼好"德育品牌，围绕带班理念，笔者确立了班级目标：与兰为友，做"四雅"少年，即"优雅的举止、博雅的学识、儒雅的气质、高雅的品格"。

年段	目 标	内 容
低段	热爱学习、朝气蓬勃、文明有礼——习雅仪、雅言	识兰、养兰
中段	热爱生活、乐观向上、自尊自律——习雅行、雅趣	赏兰、写兰
高段	热爱祖国、树立理想、自强不息——习雅志、雅量	诵兰、学兰

带班策略

幽雅的育人环境有着春风化雨、润物无声的作用。"兰"寓意着高贵、优雅，象征着善良、坚韧等美好品德。打造特色"兰"文化，积极营造兰香馥郁的班级环境，构建鲜活灵动的"兰"课程和活动体系，致力于创建一个秀雅馨香的班级。

(一)"兰"在班级中孕育

1. 兰之形——以环境润人。

营造环境是打造班级"兰"文化的第一步。班级教室里，分别设有写兰区、赏兰区和画兰区，学生可以通过文字、照片、绘画等形式表达自己对兰花的理解。在建设外在环境的同时，我还把关注点放在了班级文化建设上。组织学生围绕"兰"设计班名——兰雅中队；班级口号——沐浴兰香 品味书韵。目的是让学生们在接触兰、理解兰的过程中，自觉以兰的高雅、坚韧、贞洁等品性来约束自身行为，从而培养高尚的人格。

2. 兰之品——以制度化人。

在班级管理中，科学的规章制度可以使班主任工作压力大大地减轻，也可以使学生的发展更加健康，从而更好地促进班级的发展。

（1）常规管理制度。

依据《小学生日常行为规范》，结合本班实际情况，秉承"立德树人"的宗旨制定班级一日常规、班级公约，让孩子们学规矩、懂规矩、守规矩，做雅人。

（2）班级评比制度。

从学习、礼仪、卫生、活动等方面制定评比细则，通过在评比栏张贴五星来进行量化考核，每周评比出的学习星、礼仪星、劳动星等，均可获得老师的浪花章。

一段时间后，教师和学生都有了很大改变，学生变得文明有礼、热爱学习，教师也变得积极奋进、充满正能量。如今"兰"已成为班级生活的一部分，它不仅给我们的精神带来了美，也给我们的生活创造了美。

（二）"兰"在课堂中生根

为了让"兰"在课堂中生根，兰花种植课程是必不可少的内容之一。教师让学生们利用科学课等时间学习兰花种植知识，利用班费购买不同品种的兰花，让学生以小组为单位认领一株兰花尝试种植并记录兰花的生长情况。只有让学生们亲身经历培育兰花发芽、生长、开花、凋谢的过程，他们才能感受到到兰花之美、劳动之美，懂得生命存在的意义，懂得同伴合作的重要性，才能进一步增强团队意识和班级凝聚力。

为了让"兰"的根深扎课程土壤，在朝读课上，教师会让学生诵读王冕的《幽兰咏》、苏辙的《种兰》、张羽的《咏兰花》等，加强传统文化的学习；在语文课上，会带领学生观察兰花，让学生在观察过程中发挥想象，进行作文创作，训练学生动作描写、语言描写、神态描写、场面描写等写作能力，并将学生创作的佳作张贴到教室的墙壁上，时刻浸润学生的心灵。

（三）"兰"在活动中绽放

活动是课程的有效补充，这几年，笔者一直把活动摆在与课程同等重要的位置，研发了很多具有班级特色的活动。目前，兰雅中队构建了每天"一诵一操一练"，每周"一会一评比"，每月"一读书分享一社会实践"，每期"一家校共育"的活动体系。

1. 每天一晨诵，以咏兰诗、《弟子规》《临江八礼》为诵读内容，用优美的文字唤醒学生们的精气神；每天一操，利用学校大课间活动时间组织学生做啦啦操，强健学生体魄；每天一午练，每天下午 1：50—2：00，进行常规书法训练，让学生与墨香"相约"。

2. 每周一主题班会，根据不同年段学生身心发展特点，结合学生实际情况，制定符合年段目标的主题班会。低段："我的物品我整理""学校规则知多少"等规则教育系列活动，让学生习得雅仪、雅言；中段："学会与人友好相处""做情绪的小主人"等心理健康教育系列活动，让学生习得雅行、雅趣；高段："中国梦·我的梦""筑梦起航"等理想信念教育系列活动，让学生习得雅志、雅量。每周一评比，每周对学生的学习、纪律、卫生、两操等常规进行量化评比，并将每周学习之星、清洁之星、两操之星的照片张贴上墙，树立学生学习的榜样，激发学生向上向善。

3. 每月一读书分享，读书分享多元化。通过开展亲子分享会、师生分享会、生生分享会，让老师、家长、学生在分享会上交流感情，共同学习和进步。每月一社会实践活动，周末和家长一起到老人福利院参加爱老敬老活动；打卡红色教育基地，追寻红色记忆，传承红色精神。

4. 每期一家校共育主题会，培养学生良好的行为习惯；和谐的"家校共育"关系促进了学校和家庭之间的信息交流，让学生接受的教育更完整。

■ 特色和成效

功夫不负有心人，长期兰文化的熏陶、感染使班级形成了浓浓的书香气息和争先向上的凝聚力。一朵朵美丽的兰花悄然绽放，一阵阵清新的兰香萦绕校园。多元的"兰"文化建设，给班级营造出了优美的"兰"环境，构建了丰富多彩的"兰"课程和"兰"活动，有效地促进了学生身心的健康发展，兰雅中队多次被学校评为书香班级、礼仪班级；2019—2020 学年被渝中区评为优秀班集体；班级特色文化赢得了学校领导、老师的肯定和家长的认可。几年来，学生在识兰、养兰、赏兰、写兰、诵兰、学兰等活动中，学到的不仅仅是文化知识，还体会到了劳动的快乐，习得了如"兰"般的气质和美德。

教育无定法，贵在得法。只要深入学生，认真探寻不断研究，讲究带班策略，以突出学生主体为指导思想，以提高学生的德行为目的，就能培养出儒雅有礼、向上向善、自强不息、勤奋好学的新时代好少年。

重庆市渝中区临江路小学　兰雅中队　杨　霞

节气为伴　活力生长

　　活泼好动原本是孩子的天性，当某一天班级里的孩子变得沉默与拘束，那就到了班级教育要反思的时候。为保持学生的生机与活力，笔者以二十四节气为线，用节气的生机与希望去滋养学生的生命，释放他们原本活泼可爱的天性，由此制定了以"节气为伴 活力生长"的带班方略。

班情分析

　　本班 42 人，其中女生 20 人，男生 22 人。乖巧可爱是本班学生最大的特点，原本这是一件非常令人欣喜的事。可渐渐地，发现孩子们在课堂上越发安静和腼腆，回答问题缺少多样性和创造性思维，班级活动参与度低，孩子们不愿意张扬自己的个性，甚至每一位科任老师都反映本班学生太"乖"了，而这"乖"的背后反映的是孩子们缺乏自信和意志。

育人理念

　　德国著名哲学家雅斯贝尔斯说："教育的本质就是一朵云推动另一朵云，一棵树摇动另一棵树，一个灵魂唤醒另一个灵魂。"用什么推动学生的个性成长，用什么唤醒学生的活力自信是教师迫切需要解决的事情。"节气轮回有序，万物生长有时"，二十四节气将一年四季的轮回展现得淋漓尽致，其背后蕴藏着"万物积极向上生长"的德育要素，包含着知、情、意、行的德育智慧。笔者想到创建以"节气为伴"的班级特色品牌，用二十四节气的生机去感染、去激励每一位学生，点燃他们的自信、活力与创造性，让他们在节气的滋养中积极向上生长。

班级发展目标

　　以二十四节气为线，用节气的生机与希望去滋养学生的生命，为学生创建一个富有活力的美好环境，以实践活动为背景去激励学生，努力让班级孩子学会做人、学会生活、学会学习、学会创造，从而增强他们的自信心与活力，激发创造力，释放孩子们原本活泼可爱的天性，活力生长。

带班策略

1. 蓬勃生气助万物生长。

要点燃学生的生机与活力，就要先营造一个具有生机与活力的氛围。走近我们的教室，你首先会看到这样的景致：各类大自然的元素布满教室，绿萝的生命力极为顽强，因此选择它作为教室的主打植物。其次，孩子们自己带来了文竹、吊兰、铜钱草、凤尾竹等植物，对教室进行了装扮。照顾弱小也是孩子们最乐意做的事。于是，小乌龟、蚕宝宝、小金鱼等小生命也一起来到了教室，为我们描绘生命的色彩。抬起头，墙壁上悬挂的是有关二十四节气的诗歌，以"节气伴我行"为主题的文化角展示着孩子们的节气自然笔记、树叶拼贴画、种子拼贴画。黑板旁边悬挂着一个节气信箱，信箱外观均由孩子们自己设计，凸显生机与希望。每一个节气到来，孩子们可以写下自己的节气愿望、祝福或者心里想说的话，放进信箱里，等下一个节气到来时打开信箱，体会查阅心情邮件的快乐。

环境的创建是文化育人的重要一环，有了美好的环境，师生一起共同探索出一套专属的班级管理方案。具体如下：

班名：朝阳班

班名寓意：无限生机与希望

班级口号：小小朝阳 散发光芒

班级公约：

安全法规要牢记，小小朝阳如希望

文明礼貌学做人，心存敬畏爱生活

主动思考好学习，新奇事物乐创造

二十四节润我心，万物有序显生机

快乐节气伴我行，活力生长向前进

班徽简介：班徽中的"小树"代表着春天的气息，正如充满朝气蓬勃的我们；树下，小朋友快乐玩耍，积极健康地成长；冉冉升起的太阳就是希望的象征。

班级小队（8个）：立春小队 谷雨小队 立夏小队 小满小队 芒种小队 夏至小队 白露小队 秋分小队

奖励机制：让"节气之树"长满绿叶

每个小队各自以节气命名，每组5～6人，各小队都有一棵属于自己小队的"节气之树"，8棵小树以贴画的形式粘贴在教室的评比栏上。各科任老师和小干部们每天会从"洁净星、礼仪星、智慧星、活动星、锻炼星"这五个方面给各小队评星，并送上一片"节气绿叶"。每周我们会评选出绿叶生长得最茂盛的"节气之树"，以此形成班级特色的激励机制。

在文化育人和管理育人的基础上，笔者继续将二十四节气文化的生机源源不断地注入班级中，主要以节气的习俗、农事、物候为主，通过活动育人的方式引导学生学会做人、学会生活、学会学习、学会创造，让他们活力生长。

2. 明习俗　学做人　会生活　强自信。

丰富多彩的二十四节气民俗文化活动，传递着中国优秀传统文化的深厚底蕴，渗透着我国优秀传统文化内涵。结合学生身心发展规律，笔者通过设计各类班级活动让学生体会节气习俗。例如在节气"清明"前后开展很多传统的丰富多彩的文体活动：拔河、荡秋千、放风筝、斗鸡等。在班级开展拔河活动，让学生知道拔河的规则和礼仪，懂得合作的重要性。节气"雨水"到来之时，降水并不算多，春雨贵如油，在"雨水"节气开展感恩大自然的活动，引导学生学会感恩，学会做人。

此外，二十四节气习俗还包含着养生保健之道，处处体现了古老的中华智慧，传递着人与自然和谐共处的文化理念。人人都向往美好的生活，学会生活是学生需要掌握的基本能力。为此班级自编了节气养生儿歌，协同家长和学生一起在节气之时共悟养生之道，共享健康生活，强身健体。以节气"小寒"为例，天气寒冷，孩子们回家为家人亲手熬制一碗热粥汤，既能表达对家人的感恩，也是对自己身体的爱护。悦纳自我，感恩家人，从而学会生活，增强自信。

节气养生儿歌

立春祛湿健脾胃，护肝排毒睡眠好。

雨水重精神休养，劳逸结合生活好。

惊蛰多吃健脾菜，补充维 C 有营养。

春分避偏寒偏热，早起晨练身体壮。

清明一家同春游，改善心肺畅身心。

谷雨睡前泡个脚，规律起居不熬夜。

立夏心脏需养护，饮食低脂清淡妙。

小满多食清热菜，防寒防湿很重要。

芒种疾病高发期，及时通风换个气。

夏至降温来解暑，高温天气宜午睡，

小暑多食解暑品，清淡饮食防湿气。

大暑需要补水分，减少正午活动量。

立秋饮食需润燥，早睡早起我在行。

处暑宜防暑祛湿，肠胃疾病勿来扰。

白露注重呼吸道，注意保暖挂心上。

秋分适时添衣物，食以温润和平凉。

寒露注意防感冒，足部保暖心态好。

霜降增强免疫力，冬季防病打基础。

立冬食补需清淡，早睡晚起防寒气。

小雪多喝热米粥，足部保暖养精神。

大雪重视肾保养，身体保暖驱疾病。

冬至吃些坚果粒，前后饮食最合适。

小寒多喝热粥汤，切忌黏硬生冷品。

大寒抗冻攒能量，静待节气轮回到。

3. 知农事　会学习　会合作　添能力。

二十四节气是农事活动的时间指针，为人们按照农时安排农业生产活动和日常生活提供了科学指导。对农民来说，跟着二十四节气忙农事已成为常事。我国农耕文明源远流长、博大精深，是中华优秀传统文化的根。传统农事节气是我国农耕文明的重要组成部分，具有科学的内涵和丰富的文化价值。可见，当前引导学生知晓二十四节气农事活动，鼓励学生进行农耕体验对于传承农耕文明具有现实意义。

学会学习和学会合作是二十一世纪的教育主题。笔者将二十四节气分为四个部分，让学生在不同年段通过不同的实践形式开展农事活动（见下表），让学生在农事活动中学会学习与合作，提高学生的个人综合能力。以立夏至大暑这段时期为例，我班在一年级时开展栽培绿豆的活动，从领养一颗绿豆开始，学生为自己的绿豆盆栽贴上标签并精心养护，经历播种、发芽、成长、收获的整个周期。通过两个月的持续观察，让学生了解生命的持续和轮回。学生们在每个实践过程中和伙伴一起学习节气农耕文化，传承优秀传统文化，提高自主发展的能力。

农事活动一览表

年　级	立春—谷雨	立夏—大暑	立秋—霜降	立冬—大寒
一年级	植树造林	栽培绿豆	采摘果蔬	培植蜡梅
二年级	播种葱苗	采摘番茄	培育葱苗	收割韭菜
三年级	田间除草	收获大蒜	播种大蒜	收割白菜
四年级	播种玉米	收割小麦	收获芝麻	腌制泡菜
五年级	田间施肥	播种夏芹	播种土豆	防寒除虫
六年级	栽培西瓜	防雨防虫	播种草莓	除草施肥

4. 识物候　养精神　会创造　注活力。

二十四节气物候起源甚早，完整记载见于先秦古籍《逸周书·时训解》。我国古代的物候历以五日为一候，三候为一气，六气一季，四季一年；故一年分二十四气，每季十八候，共七十二候。每候相对应一个物候现象，叫"候应"，表示一年中物候和气候变化的一般情况。七十二候的候应有两类：一类是生物候，其中有动物的，如鸿雁来、寒蝉鸣、蚯蚓出等。也有植物的，如桃始华、萍始生、禾乃登等。另一类是非生物候，属于自然现象，如水始冰、雷乃发声、土润溽暑等。物候所涉及的内容是研究生物的生命活动现象与季节变化关系的科学。科学精神是学生发展的核心素养之一，通过认识二十四节气物候知识，可以涵养学生的科学精神，培养学生的创造力，激发学生的活力。

借助校本课程资源，结合本班班品建设，依据不同学段设计了认识物候的方式（见下图）。低学段主要以了解生物候为主，校外依托学校研学课程，体验农场养殖的快乐；校内设置教室"生物角"，学生在不同节气种植不同植物，激发学生探索自然的好奇心。到了中学段，学生有了一定的节气物候知识储备，将继续探秘自然现象，了解节气非生物候，围绕非生物候展开主题班会，学生将所见所得进行分享交流。如学生根据物候持续观察自然现象，记录每一次日出与日落的时间。对于高学段学生，学生的综合探究能力得到了提高，该学段教师主要引导学生进行多样化创作，多角度体验时节之美，学生从自然中获得，再回到自然中去，以观察日记、自然笔记、手抄报、诗配画、书签等方式自由创作，体现出了学习的主动性。

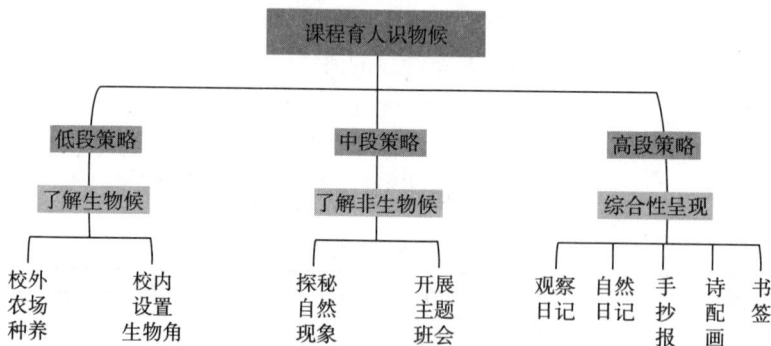

特色和成效

二十四节气内涵丰富，表达了人与自然宇宙之间独特的时间观念，是中华民族悠久历史文化的重要组成部分，凝聚着中华文明的历史文化精神。通过文化育人、管理育人、活动育人三个途径带领学生度过丰富有趣的节气生活：明习俗、知农事、识物候。借二十四节气文化知识体系，引导学生学会做人、学会生活、学会学习、学会创作，从而让每一个学生尽情绽放活力与生机。在这三年的实践中，四季不停变幻，万物生长有时，学生们也在二十四节气中悄然成长，一双双课堂中举起的小手，一张张灿烂的笑脸，一次次大胆的表达，这都是二十四节气留给他们童年最有活力的印记，就让这份节气的生机陪伴他们继续前行吧！

重庆市渝中区中华路小学　朝阳中队　王　倩

石榴籽红　颗颗同心

我国是一个多民族国家，我校又是重庆主城区唯一一所民族小学，为落实加强民族团结，促进各民族儿童共同发展的方针政策，以"集体主义教育"为班级育人理念，以石榴精神引领学生，让各民族儿童在发展中铸牢中华民族共同体意识，培养德智体美劳五育并举的社会主义建设者和接班人。

班情分析

我校是重庆主城区唯一的一所具有百年历史的民族小学校，建校以来招收了大量来自不同民族的学生。我班现有学生 39 名，由汉族、回族、壮族、土家族、维吾尔族等民族组成。由于孩子们来自不同的民族，生活习惯不一样，常常会对其他孩子的一些行为感到好奇与不解。孩子们的表达方式也各不一样，个别孩子行为甚至有些野蛮，容易引发班级矛盾。因此，如何帮助孩子们正确认识各民族优秀文化，增进了解、相互尊重，尽快融入集体，增强班级的凝聚力，促进学生全面发展，成了笔者一直思索的问题。

育人理念

苏联教育家马卡连柯最早提出"在集体中，通过集体，为了集体"的集体主义教育理念。我国也一直非常重视集体主义教育，进入新时代，铸牢中华民族共同体意识，是新时代民族教育工作的主线。遵循学生的发展实际，以"集体主义教育"为理念，学习石榴的团结精神，一方面在班级建设中注重民族团结教育，弘扬民族精神，增强民族自豪感，铸牢民族共同体意识；另一方面，又以德、智、体、美、劳五育为抓手，五育并举，建设团结奋进的班集体，培养学生的集体责任感、荣誉感和自豪感，促进学生的全面发展。

班级发展目标

1. 总目标：乐学守礼，团结友爱。

2. 年段目标：见下表。

小石榴萌芽季 （低年级）	初步了解我国悠久的传统文化和各地方、各民族不同的习俗，学会尊重同学，关心他人，养成文明守礼的行为习惯
小石榴花开季 （中年级）	了解中华民族的传统技能，学习不同民族的技艺，养成团结协作、共同进步的良好班级氛围，培养学生热爱集体、热爱学校的思想意识
小石榴结果季 （高年级）	学习中华各民族的优秀传统文化，继承、发扬、创新各民族文化，积极参加社会实践、热爱生活，培养爱祖国、爱人民，有理想、有本领、有担当的社会主义建设者和接班人

带班策略

针对班级学生情况，结合育人理念与班级建设目标，笔者通过以下三个阶段、五个方面，实现"石榴籽红 颗颗同心"（见下图）。

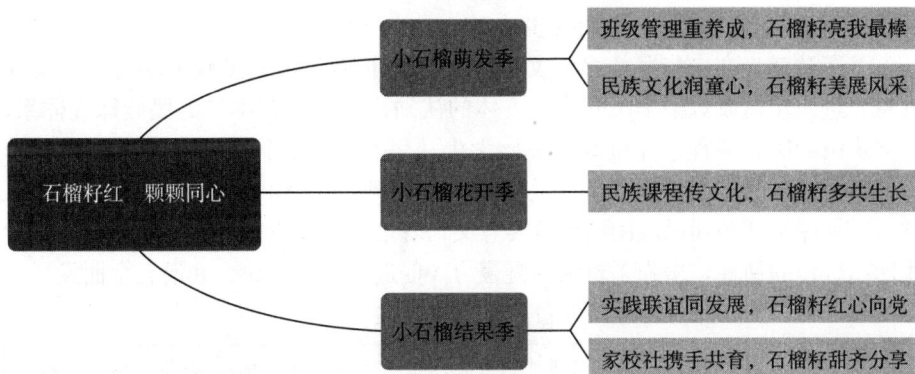

1. 小石榴萌芽季。

（1）班级管理重养成，石榴籽亮我最棒。

在班级管理中，有意识地引导全班形成共同的愿景和目标，与学生一起讨论班级公约，让每个学生充分了解班级对个人的要求和评价标准；一起设计班徽，一起选班歌，让班级有共同的符号……让学生更加强烈地体会到集体的存在，形成共同的理想信念，为学生建立基本的集体归属感。

在班级管理中，分别从文明、纪律、学习、卫生等四个方面规范学生的行为，在班级开展"石榴籽亮我最棒"的评选，每周根据学生的表现，进行加减分，对得分较多的学生奖励小石榴贴纸一枚，粘贴在班级评比展示栏中，从而让学生渐渐形成良好的学习习惯和生活习惯。在此基础上，结合班级规章制度，每月从文明、纪律、学习、卫生四个方面评比"最棒石榴娃"，激发学生们的内驱力，从而形成积极向上的班风班貌，增强班集体的凝聚力。

（2）民族文化润童心，石榴籽美展风采。

通过在学科课程中挖掘多彩民族文化要素，感知多彩民族的文化，理解中华民族是一个多民族的共同体。了解民族传统节日，通过主题班会，社会实践、亲子活动等，让学生感受民族文化的美，增长知识，弘扬美德。

和谐的班级文化氛围对学生有着潜移默化的影响。在进行班级文化建设的过程中，和学生一起搜集关于石榴的图片、诗词、歌曲和故事，理解石榴的精神内涵，共同创建了班级文化墙。在教室环境的布置中，注重运用中国传统文化元素和各民族优秀传统文化元素，用各民族形象装点教室，营造出团结和谐的教育氛围。利用班级"民族角"，让学生认识并了解各民族传统文化、风土人情、特色技能等，展示中华民族的传统文化内涵。"最炫民族风"展示台，分别以"民族传统舞蹈""民族传统乐器""民族传统工艺""民族传统体育""民族英雄"等为主题，展示学生们的优秀作品，让师生在耳濡目染中提高民族团结意识，增强民族自豪感。

2. 小石榴花开季。

民族课程传文化，石榴籽多共生长。

为了让学生在中华民族多元文化的大背景下感受各个民族生动鲜活的文化气息，进一步达成对中华民族多元一体的认知，我班结合学校的民族课程体系，构建班级的民族课程，让班级各民族学生从民族文化、民族精神中不断汲取养分，增进了解、相互尊重，让学生深刻地体会到了中华民族你中有我，我中有你，更加深刻理解到民族团结的重要意义，既培养了学生的个性特长，又培养学生团结合作的精神，增强了班级的凝聚力，促进了学生健康、和谐、全面发展。

民族教育课程体系

民族认知课程	民族启思	通过在语文、数学、品生（品社）、科学、体育、艺术等学科中挖掘民族教育素材，感知多彩民族的文化，理解中华民族是一个多民族的共同体
	民族知识	每周二民族知识朝会，周五民族主题班队会，学习《民族知识读本》，进一步达成对中华民族多元统一的认知，让学生感受各个民族生动鲜活的文化气息
	民族活动	结合学校民族团结进步宣传周主题，在班级开展了"四个一"活动：开展一堂民族教育主题班队会、画一份民族知识小报、讲一个民族英雄的故事、学唱一首民族歌曲，渗透民族团结教育，以此推动各民族师生增进了解、相互尊重、携手共建团结的班集体

（续）

民族修养课程	民族经典	参加"中华魂"读书、朗读、征文演讲比赛，深切感受中华民族从站起来、富起来到强起来的伟大历程，增强"四个自信"，树立正确的民族观、国家观，做有理想、有担当的新时代好少年
	民族技艺	利用每周二的民族之花学生社团活动，结合学生特点，让学生充分学习民族技艺。班级先后成立了哈丝娜舞蹈队、葫芦丝演奏队、小能手科技队、喜洋洋礼仪队、喵喵民族时装队等，同时借助学校民族体育节、民族艺术节、民族服饰展、民族舞蹈会演等活动，为各民族学生提供展示的舞台
民族节庆课程	民族节日	了解少数民族的特色节日：壮族三月三歌节，傣族泼水节、藏族雪顿节、回族古尔邦节、开斋节等。了解中国传统节日，通过主题班会、综合项目实践活动，使学生在节日中增长知识，弘扬美德、陶冶情操、弘扬传统
	民族艺术节	结合学校的民族科技节、民族体育节、民族艺术节等活动，在班级中集中实施民族节日课程

3. 小石榴结果季。

（1）实践联谊同发展，石榴籽红心向党。

在班级中积极开展各类主题实践：利用历史博物馆、非物质文化遗产地等开展中华优秀传统文化教育；利用革命纪念地、烈士陵园等开展革命传统教育；利用美术馆、展览馆开展文化艺术教育；利用科技馆、消防队开展国防、安全教育……

加强劳动实践。在学校渗透劳动教育，积极组织学生参与校园班级的卫生保洁、绿化美化、种植等；并教育引导学生在家积极参与洗衣服、做饭、整理房间等力所能及的家务劳动。

开展民族团结教育实践活动。如结合学校民族团结进步周，开展"四讲"活动：一讲我国悠久的民族历史，二讲我国秀丽的山河、丰富的物产资源，三讲祖国灿烂的文化，四讲各民族的光荣传统和爱国主义；参加"中华魂"读书、朗读、征文演讲比赛，深切感受中华民族从站起来、富起来到强起来的伟大历程，增强"四个自信"；参加"民族团结心连心"主题队日活动，与少数民族地区小伙伴手拉手、心连心，加深对民族团结精神的理解，铸牢中华民族共同体意识。

（2）家校社携手共育，石榴籽甜齐分享。

作为班主任，全面掌握并及时与家长沟通学生在校期间的思想情绪、学业状况、行为表现等情况，同时向家长了解学生在家的有关情况。为了进一步加强家庭和学校之间的有效互动与联系，学校与家庭、教师与家长一直进行着有效的交流、沟通。

班级不定期组织开展以民族团结为主题的活动：家长研讨会、交流会、座谈会，通过家长开放日、班主任家访和现代信息技术手段等形式，加强家庭教育指导，形成家校教育合力。在班级举办"亲子同行"的活动，结合清明节、端午节、中秋节、重阳节等传统节日，开展亲子体验活动，让学生与家长共同参与知识问答、节日灯谜、习俗展示和节日表演等活动，增进亲子感情。用好社会育人资源，积极拓展校外教育空间，让学生们参加民族爱心行动、社区公益活动，当好小小志愿者；节日走访民族小伙伴家庭、警民共建新年慰问、志愿服务慰问孤老，关心他人，传递爱心，培养学生社会责任感、创新精神和实践能力。

■ 特色和成效

在班级建设中，以"集体主义教育"为班级育人理念，学习石榴的团结精神，结合我校民族文化特色课程，贯彻"五育并举"的方针，通过"小石榴萌芽季""小石榴花开季""小石榴结果季"三个阶段、五个方面，实现"石榴籽红 颗颗同心"。

把民族团结的种子播撒到每个孩子的心灵之中，培养了孩子们对民族传统文化的兴趣，既增进了孩子们对民族传统文化的了解，也加深了孩子们对民族团结、共同发展的理解。在过去五年里，孩子们逐步形成团结协作、共同进步的良好班级氛围，我班先后荣获渝中区先进班集体、渝中区"红领巾奖章"集体、"渝中区优秀少先队集体"等称号；多名学生分别获得区三好学生、优秀学生干部。孩子们还积极参加了市、区级征文比赛、体育比赛和美术比赛等，均获得了良好的成绩。孩子们积极参加社会实践、热爱生活，牢固树立正确的国家观、民族观，努力成为爱祖国、爱人民，有理想、有本领、有担当的社会主义建设者和接班人。

重庆精一民族小学校　石榴中队　梁晶晶

让苔花精神充盈童年

"白日不到处，青春恰自来。苔花如米小，也学牡丹开。"苔花不挣扎于淤泥，不屈从于酷寒，努力向上生长只为盛开。结合学校办学定位及生源特点，笔者以苔花激励学生，学习苔花心怀梦想、不屈不挠的精神，在一步步实践中探索育人方略。

班情分析

本班共有学生 34 人，女生 18 人，男生 16 人，班上有两名融合教育学生。作为一所农民工子弟校，班上的孩子均来自流动人口家庭，且 85％的学生为非独生子女。这些孩子内心单纯善良，生活自理能力较强，但由于家庭物质条件普遍不好，学生家长文化水平不高，再加上父母忙于生计，鲜有陪伴交流的时间。因此，班上的学生普遍存在以下几方面的问题：学习习惯差，学习缺乏自主性；在面对困难时存在退缩、畏难情绪；缺乏自信心，不敢表现自我；缺少努力目标和奋斗动力。

育人理念

个人梦想是中国梦的基本组成部分，需要每个人的努力拼搏。结合我校秉承"博知雅行，谦诚精进"的办学理念和"培养雅言善行的少年"的办学目标。根据班级学生实际情况，选择以"苔花"精神为载体，注重培养学生良好的品德和言行。同时还引导学生树立理想，学习苔花为梦想努力生长的精神，五育并举促进学生全面发展。在不断学习和摸索中，逐渐形成了带班理念：让苔花精神充盈童年。

班级发展目标

结合本校"小脚丫"课程，笔者将班级的发展总目标定为：
（1）培养自信阳光少年。

（2）培养不屈不挠、拥有梦想、敢于拼搏的有为少年。

带班策略

一、经典中寻根，筑"有梦"班级

1. 以"苔花"赋予班级内涵。

结合我班学生的实际情况，选择清代诗人袁枚《苔》这首诗中的苔花为参照物，学习苔花精神，并以此激励班上每一个学生。小小苔花内心有一颗开花的愿望，并为这愿望不断努力向上生长着，为此将班级命名为"小苔花中队"。以一朵朵不起眼却向阳而生的苔花作为班徽，寓意心中要有梦想。班上的孩子正如诗中描写的苔花一样，他们虽然没有好的家庭条件，但是每一个都有盛开的愿望，都会拥有自己的春天。盛开的愿望——理想，正如光一样，它会引领孩子前行，会驱使他们为之奋斗。以古诗《苔》作为班歌，以"勤学乐思、勇于拼搏"为班级口号，激励学生努力向自己的梦想奋进。

2. 以经典启迪学生心智。

"一年之计在于春，一日之计在于晨"，想要建设积极向上的班级，就得强化规则意识。师生将"今日事今日毕"作为班级的班规，并将这六个字书写于黑板一侧，不仅用来提醒所有人珍惜时间，更是为了提醒学生养成不拖沓、做事有时效的好习惯。

课堂上，我们读经典、诵经典。通过阅读书籍《中华经典诵读》和观看文化节目《典籍里的中国》，在诗词和历史故事中与古人对话，感受古人志存高远的胸怀和乐观豁达的处世态度；收集从古至今为实现自己理想抱负努力拼搏的名人故事，如悬梁刺股、囊萤映雪、韦编三绝等，既让学生认识了脚踏实地、心怀远志、努力拼搏的历史人物，又让他们看到了这些人身上为梦想努力的闪耀品格，进而汲取美德与力量。

3. 以环境建设激发学生斗志。

除了从传统文化中汲取养分，我们还在教室里布置一面面会说话的墙。"梦绘蓝图"，孩子们用鲜艳的色彩画"绘"下自己的梦想；"励志墙"张贴着一句句学生写下的激励自己实现梦想的格言；"我的未来我做主"中，孩子们斗志昂扬、激情澎湃地写下畅想未来的文章；"荣耀榜"上一个个显眼的名字，彰显学生的努力成果；"你追我赶，阳光小组"一朵朵盛开的小苔花成为孩子们努力为小组争取荣誉的最好见证。这些都在很大程度上对孩子形成了积极的影响，他们有了敢于表现自我、勇于拼搏的行动。

二、以活动为契机，启航梦想

梦想的种子已在学生心中萌芽，为了让梦想植根于孩子的心灵，笔者在班级中开展了一系列的活动。

以"我为理想而奋斗"为主题开展班会活动，孩子们在活动中"话理想""谈行动"。巧用规划表，从学习习惯、文明礼仪、纪律等方面规划学年目标；教师寄语，并联动各学科老师给予学生美好祝福；开展"时光礼盒"活动，孩子们分别在低中高学段给未来的自己写一封信，孩子们怀揣希望，执笔写下给未来自己的话语。等到完成一个学段便打开一个时光礼盒，与过去的自己"对话"，在自省中不断进步。

为了锻炼学生的胆量，培养孩子们的自信心，笔者还借助学校各大活动，在班级中为他们搭建表现自我的平台。大队委改选，鼓励想尝试的同学大胆报名；校乐团招募小音乐家，鼓励乐感好但胆子小的学生积极参与，在学校举办的非遗文化学习成果展上为优秀学员加油打气，激励他们在舞台上大胆展现自我……

考虑到班上有融合学生的特殊性，笔者在平常的学习生活中引导学生悦纳他人的同时，还注重融合学生自信心的建立。交予他们简单的易完成的任务，及时在全班给予表扬与奖励。在一件件小事中，他们体会到了成功的喜悦，建立起了自信心，感受到了集体的温暖，他们也在集体中养成了助人为乐的好品质，梦想的种子自然也深埋于心。

三、参与社会实践，以苔花精神指引行动

在学校"智文化"主题教育活动中，依托学校科技节，开展丰富的科学素养活动：科学小实验制作中，小化学家大显身手；科普宣讲活动上，"小科学家"为低年级的学弟学妹宣讲科普小知识。

结合学校地理位置优势，引导立志做小记者、小主持人的学生去探寻城市文化之美。在走访和查阅资料中，孩子们既了解了相关历史，学到了英雄身上的精神品格，同时又锻炼了自我，在追梦路上留下了足迹。

四、家校合作，助力梦想启航

班上的孩子虽然家庭条件不好，但父母都给予了他们成才的希望。笔者积极争取家长们参与到班级活动中。在每一年的开学之初，孩子们都会收到一封来自家长的信；在一周两次亲子阅读沙龙中，学生同家长分享名人励志小故事；在"请你夸夸我"活动中，教师在班级群里发布学生学习动态，让家长实时掌握孩子在校学习情况，并为孩子点赞；认真开展每学期两次的家校共育主

题会，在会上为优秀家长颁发奖状，既为大家树立了榜样，又激励了班级中每个个体。

特色和成效

"小苔花中队"的 34 个孩子从学习苔花精神中养成了踏实肯学的学习态度，凭借苔花精神锻炼了自己解决问题的能力，在一次次活动中丰富了眼界。他们心怀梦想，用苔花精神指引自己的行动，面对挫折不屈不挠、不断前进着。无论是校内还是校外，他们都闪耀着自信的光芒。在一次次的比赛中他们获得荣誉，彰显着积极向上的班级风貌。

苔花精神也植根于笔者的内心，激励着自己要做一名成长型教师，顺应时代发展适时更新自己的教育理念。在成长过程中本人也获得了"优秀德育工作者"和"优秀青年教师"的称号。

希望一届届"小苔花中队"的每一朵苔花，都心怀梦想以苔花精神激励自己不断前行，让苔花精神充盈每个学生的童年。

重庆市渝中区肖家沟小学　小苔花中队　黎　敏

群星闪耀　自信成长

在班级中使用积极的"正强化"教育原则，可以让学生更加积极、乐观、进取、合作，从而提升学生的心理素养。《中小学德育工作指南》中指出："小学德育要促使学生形成积极健康的人格和良好的心理品质。"我以"身心健康"教育为班级建设的切入点，充分调动学生学习的积极性，培养其进取心、团结合作意识等，促进学生健康、全面地发展。

班情分析

我校是一所民族小学。随着城市的发展与教育规划布局，地处渝中东部地区的本校出现了生源家庭教育条件不均衡的情况。于是我从班级家长文化程度、职业分布和教育能力这三个方面进行了调研分析。

问卷一调研显示：我校的学生家长受教育文化程度较低。（如下表）

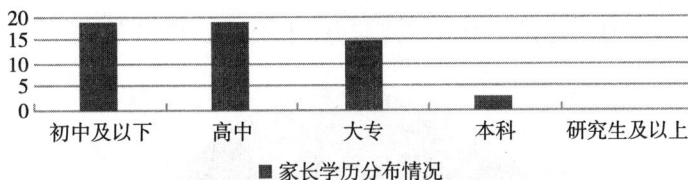

■ 家长学历分布情况

问卷二调研结果显示为我校家长多为社会基层各行业的普通劳动者，职业分布多为商业、服务业从业人员和个体零售、做小生意的自由职业者。（如下表）

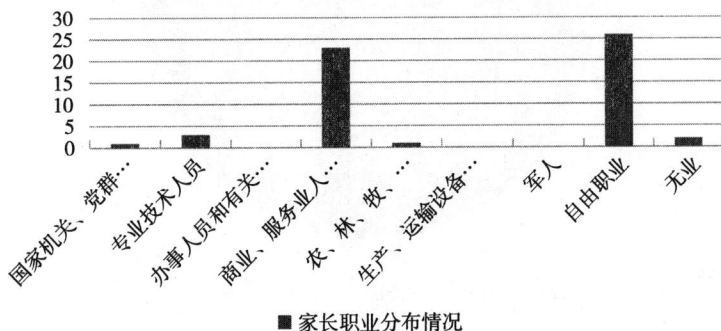

■ 家长职业分布情况

问卷三调研结果显示大部分家长无力教育孩子。孩子们缺少规则意识、缺乏自信、缺失活力。（如下表）

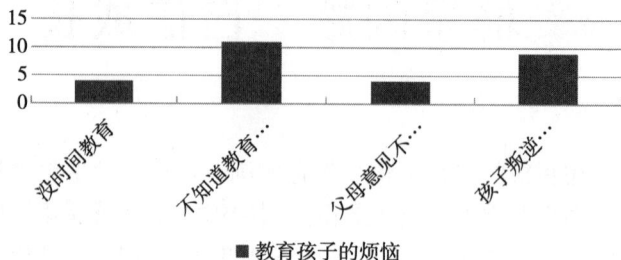

■ 教育孩子的烦恼

育人理念

积极教育以发展学生的乐观能力为核心，能提高学生个体的心理健康水平，能有效提高学生的学业水平，对学生发展有极其重要的作用。积极教育遵循每一位学生生长发展规律，以激发学生自身的活力为核心，只有让他们自己发光，班集体才会犹如一条由群星汇集的璀璨星河。

班级发展目标

班级发展的总目标是培养有"修养力、协作力、担当力"的学生。

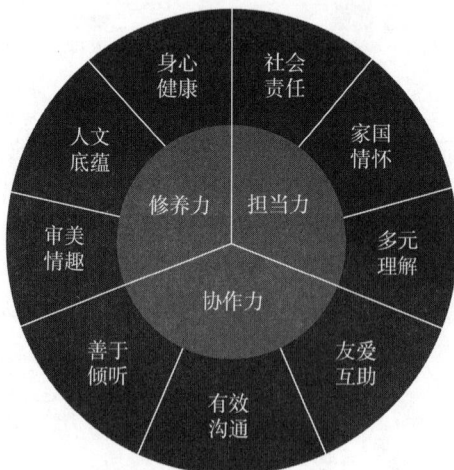

低段、中段、高段的分目标见下表：

年　段	目　标	具体表现
低段	培养规则意识	1. 能遵守班级公约
		2. 会倾听他人发言
		3. 喜欢自己，发现自己的闪光点
		4. 乐于为集体做事
中段	学会自我管理	1. 感知情绪，恰当表达
		2. 接纳他人，能与他人合作
		3. 自觉为班级服务
		4. 乐于参加各种活动
高段	适应多元文化（社会生活）	1. 合理安排时间，有计划、有意志实现目标
		2. 遇到挫折主动克服困难
		3. 有审美情趣，乐于接纳多元文化
		4. 勇于承担社会义务，为社会服务

我主要从以下几个方面实施带班策略：

带班策略

一、星星之家暖心灵

创建班级文化，让星星与星河的形象、内涵成为班级文化象征，营造积极向上的氛围。

秉承我校"和合共生，融美共进"的育人理念，首先和孩子们达成想法上的共识，给班级取名为："星星河中队"，寓意童年是欢乐的星河，孩子是星河里闪亮的每一颗星星。

班级口号："星星河、闪亮着，你是这一颗！我是那一颗！"每个孩子都能在成长中散发各自的光芒，尊重每位学生的不一样，让班级成为所有学生共同的"家"。

班徽是：三条曲线代表星河，大小不同的星星象征每一个不一样的孩子，星星河包容着、接纳着每一颗未来之星。为了让努力方向更加清晰，我们确定了"努力学习、团结友爱、快乐成长"的班训。

为了营造良好的环境文化，我们充分用好板报、图书角、植物角等区域。布置会"说话"的墙，让每一面墙都具有教育作用："你追我赶"评比栏，每颗小星星都在成长闪耀；照片墙展示了班级活动的照片，记录着孩子们学习、生活的脚印；经常更换孩子们的作品，让板报墙"活"起来，和孩子们产生互动，让板报真正融入学生的生活。例如：结合学校德育活动"精一服装秀""精一吉祥物""精一杯健康运动会"等活动，将参与活动的学生作品展示到教室外墙板报栏上，课间孩子们驻足欣赏、点评、互相学习，并选出自己喜欢的作品，代表班级参加学校活动。在这类活动中，孩子们互相学习、互相欣赏，一张张作品犹如一颗颗散发不同光芒的星，汇聚成闪耀的星星河。"星星能量"亮点墙上五颜六色的便笺纸是孩子们一个个小小的闪光点，其中有老师发现的，也有同伴发现的，由此在点滴具体小事中塑造学生的自信。

二、规则之星培养自信

规范班级秩序。在星星河中队建设培养的过程中，需要齐心协力、不断向前的力量，引领孩子们形成良好的行为习惯。我从制定班级公约、班级岗位分类、岗位管理方式、班级之星评选制等四个方面开启学生"规范有序"的校园生活。

制定班级公约

①发言前先举手。

②对人有礼貌。

③拿到本子后马上开始改错。

④经常说"请"和"谢谢"。

⑤坐在自己的座位上。

班级岗位分类

劳动岗：黑板管理员、地板清洁员、桌椅小卫士、讲台管理员、卫生角管理员。

检查岗：节能小卫士、红领巾检查员、体温检查员、队伍整理员、眼保健操管理员、课前纪律监督员。

学习岗：晨间领读员、作业记录员、课务小助手。

服务岗：图书管理员、物品摆放员、午餐管理员、电教管理员。

奖励岗：举牌小明星、作业分发员。

岗位管理方式

人人有岗位，人人都是班级的小主人。人人在班级里都有"存在感"。定期进行岗位轮换，让学生体验不同岗位的辛苦和乐趣。学生学会做身边的小事，感受到自己劳动的价值，增强责任感。

班级之星评选制

制订"周周反馈表"进行自评和互评，并以此为基础产生学习之星、文明之星、劳动之星、管理之星、进步之星、艺体之星。通过班级之星的评选制度，在班级内部产生"榜样效应"，既对班级管理起到积极推动作用，又提升了学生的自信心。

三、活动之星锻炼能力

为了让星星河中队在不同场域下呈现出温暖氛围和自信的精神气质，我依托学校由梦想季课程群、文化季课程群、博物季课程群与悦纳季课程群构成的"小石榴成长季"德育品牌课程体系，组织班级孩子们开展各类班级活动，以活动之星激励孩子们蓬勃向上。

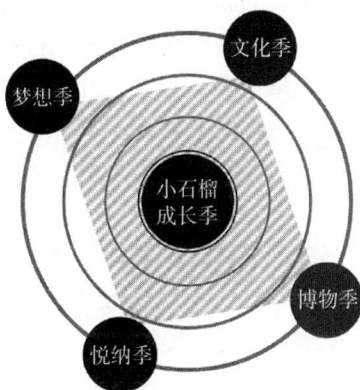

"梦想季课程"培养学生的理想信念，继承革命传统，传承红色基因。学生们参观了"重庆大轰炸惨案"遗址，培养学生对中国共产党的政治认同、情感认同、价值认同，不断树立为共产主义远大理想和中国特色社会主义共同理想而奋斗的信念和信心。

"文化季课程"培养学生对中华民族主体文化的理解与认同。围绕该课程，我班开展了"你好！传统节日"队会活动，在课前，孩子们分小组搜集自己感兴趣的传统节日资料。在队会课上孩子们用诗歌、情景剧、视频等方式展示了各个传统节日的习俗，中华传统文化在活动中代代传承。

"博物季课程"激发学生体验自然、探索自然的乐趣。在春季研学活动中，孩子们参与劳动，观察昆虫，了解农耕文化。引导学生热爱自然、亲近自然、尊重自然、保护自然，逐渐形成人与自然和谐相处的可持续发展观。

"悦纳季课程"围绕学生的成长性问题，注重学生的心理健康。我在班会课上引入了心理活动课的内容，"我喜欢我自己""情绪四宫格""感谢的味道"等系列活动，让学生了解自我、悦纳自我，学会恰当、正确地体验和表达情绪，塑造乐观、向上、自信、诚实的心理品质。

我班还开展了"十分钟生日祝福微班会""特定活动时光"等班级活动。

在活动中历练了学生积极健康的心态，班级孩子在各类活动中逐渐感受到我能做、我能行、由点到面提升学生的"修养力""协作力""担当力"，激发学生自主获取知识、蓬勃向上的力量。

■ 特色和成效

运用积极教育的理念，以"小石榴成长季"品牌课程为载体，通过营造民主环境、开展丰富活动、塑造良好习惯、重视心理关怀等一系列带班策略，我班孩子们身上逐渐散发出蓬勃向上的能量，呈现出积极向上、凝聚力强的班级风貌，获得各科老师的好评。班级多次获得学校"行美班级"称号，多次在学校运动会集体项目中获得年级第一名。星星河中队逐渐成长为一个团结友爱、乐观向上的集体，班级里有了一群积极可爱、眼中有光的孩子，而我也愈发坚定地踏上了"建温暖向上班级，育阳光自信儿童"的教育实践之路。

重庆市精一民族校学校　星星河中队　廖　欣

四季有序　成长有时

"不谈作业，母慈子孝；一谈作业，鸡飞狗跳"，你是否对这条段子产生过共鸣？新时代背景中，为什么"孩子做作业拖拉"会成为普遍关注的"难题"？尽管教师们不厌其烦地讲解时间的重要性，但是学生真的明白吗？班主任工作十年，学生的拖拉问题一直引起笔者的关注，经过两个班级的实践探究，本人围绕"时间管理"这一主题的班级管理方略逐渐清晰。

▉ 班情分析

从二年级下学期开始，我担任班主任工作。本班 42 人，初次与他们相识，孩子们虽活泼聪明，但班级普遍缺乏时间意识，贪玩松懈的班级风气导致学习状况两极分化严重、课堂效率低下。经过充分接触，我逐渐了解到班级学生的成长环境：四分之一的学生处于"放飞自我"的状态，父母忙于生计，孩子无人看管；多半学生与隔代老人生活，随着叛逆期到来，孩子对老人的管理约束表现出越来越明显的抵抗情绪，处于"逐步放飞"的状态。我忧心地感到，自由散漫的作风、桀骜不驯的思想，正在逐步侵蚀孩子们的内心，宝贵的时间正在从他们无意识的一次次"随意"中悄悄溜走……

▉ 育人理念

在博大精深的中华文化中，"励志惜时"是亘古不变的主题，其中不仅有"少壮不努力，老大徒伤悲"的民歌传唱，也有"三更灯火五更鸡，正是男儿读书时"的诗歌流传。除了"囊萤夜读、凿壁偷光"的名人榜样，还有"一寸光阴一寸金，寸金难买寸光阴"这样的民间俗语，它们被口说耳听，递相传授，镌刻在中华儿女的基因里。

惜时，是中华民族古老而恒久的信念，是世代中国人对待时间的态度，更是青少年应该遵守的良好习惯。如何发挥班级共同体的作用，让学生真正明白时间的重要性，有计划、有序列、有目标地实现可持续的终身发展，时刻引发笔者思考。

■ 班级发展目标

针对班情，我创建了"嘀嗒小主人"班级德育品牌，希望通过成体系、有序列的主题德育，帮助学生成长为：成长有态度、做事有计划、自控有能力、思维有深度的"四有"好少年，为他们的终身学习、全面发展夯实基础。

年段目标 / 总目标		主题	成长有态度	做事有计划	自控有能力	思维有深度
低段	一年级	我是独立小学生	学着独立自主	认识什么是时间	遵守规则好孩子	清晰感知生活
	二年级		善于观察世界	熟悉各项时间表	心理暗示很神奇	明确自我认知
中段	三年级	我是守时小学生	感受时间宝贵	学习做学期计划	时间安排有妙招	注重条理性
	四年级		凡事遵守时间	能够适时地调整	榜样带动有力量	树立全局观
高段	五年级	我是惜时小学生	感悟时间意义	学习做阶段计划	成长解压我有法	理性面对挫折
	六年级		规划个性人生	梳理小学段成果	稳步进阶我能行	注重精神滋养

■ 带班策略

"嘀嗒小主人"班级德育品牌，希望努力挖掘各方德育资源，实现课程、活动、文化多方面协同育人，让每个孩子成为时间的主人。班级发展方略如何落地，我关注到组成"时间"概念的四季，于是从四季出发，有效串联起学生成长的每一分钟！

一、借春之勃发·计划先行

一年之计在于春，一日之计在于晨。成长从班级年度成长计划和学生的个人计划开始。

1. 班级年度成长计划。

根据各年段学生对于"时间"的不同需求，结合学校年段德育主题，本着用好朝会、班会这两个珍贵的时间工具，我形成了六年一贯的"嘀嗒小主人"年度成长计划（见下表）：

年段	年级	主题	朝 会	班 会	评 价
低段·独立	一	懂礼仪	1. 熟悉学校，认识老师、同学 2. 适应小学生活 3. 励志惜时好榜样 4. 遵守行为规范	礼仪大课堂	1. 为每位学生建立专属成长档案 2. 以图片、视频等方式记录过程 3. 通过师评、家长评、同学互评形成结果并反馈 4. 结合学校"中华星"评价制度，从小组和个人、家庭、科任等多角度进行口头、精神、物质奖励 5. 成长档案袋定期反馈给学生，进行自我梳理与调整
	二	会合作	1. 关注身边的"团队" 2. 如何利用团队提高效率 3. 清楚认识自己及他人的特点 4. 关注"迟"这种现象 5. 励志惜时好榜样	1. 组建小组 2. 开展团建 3. 任务驱动 4. 总结梳理	
中段·守时	三	知感恩	1. 关注"拖拉"现象 2. 说说三年级的"亲子关系" 3. 分享你的时间规划方法 4. 励志惜时好榜样 5. 了解时间管理	1. 畅谈时间 2. 解析"一学期" 3. 认识各种时间表 4. 时间安排有妙招 5. 制作学期安排表 6. 制作月、周及日时间安排表 7. 总结梳理	
	四	讲诚信	1. 谈谈时间中的"诚信" 2. 怎么落实课外阅读任务？ 3. 关注身边那些"行动派" 4. 励志惜时好榜样	1. 说说那些效率高的人 2. 珍惜时间好榜样 3. 认识"突发情况" 4. 如何调整时间计划 5. 总结梳理	
高段·惜时	五	乐公益	1. 你的目标有改动吗？ 2. 你的时间表跟上节奏了吗？ 3. 直面压力 4. 你如何看待"挫折"？ 5. 励志惜时好榜样	1. 阶段性计划 2. 压力就是动力 3. 正确看待"挫折" 4. 总结梳理	
	六	观实效	1. 畅谈六年级的学习、生活变化 2. 说说你对未来的规划 3. 励志惜时好榜样	1. 明确年段重点 2. 梳理小学成果 3. 开阔精神世界 4. 总结梳理	

2. 学生个人计划。

在班级年度计划的指引下，从容不迫地逐步引导班级孩子在每个学年的开始，先树立自己的目标，再根据实际情况制定自己的计划，用张贴上墙展示的方式固定下来，成为"时时可提醒、时时能促进"的工具，指引孩子们在学习中，逐步实现"心中有计划，手中有行动"，逐步改变他们"无主次、无重点"的不良学习习惯。

二、秉夏之勤奋·深耕课堂

一分耕耘，一分收获。期待学生励志惜时、快乐成长，教师必须深耕课堂，一是整合跨学科课堂，二是班主任的主阵地——朝会、班会。

1. 整合跨学科课堂。

2022 年 4 月，随着新课程标准的颁布，探索学科整合的综合育人课程成为促进学生核心素养发展的有效手段。通过查阅相关资料，笔者发现小学阶段各学科的学习内容并非彼此隔绝，而是互相印证、螺旋交织的。结合班级"嘀嗒小主人"励志惜时的班级德育需求，笔者针对各个学段设计了相关主题的跨学科学习，以真实情境调动学习积极性，以实际任务驱动时间可操作性，尽力整合各学科知识解决生活问题，从多学科角度推动班级品牌落地，助力学生"四有"发展。

学段	主　题	跨学科	预期目标
低段	感受一分钟	·语文：一下16课《一分钟》 ·数学：一上《1—5 的认识和加减法》；二上《认识时间》 ·道德与法治：一上二单元；一下一单元；二上一单元 ·音乐：二下五单元《调皮的小闹钟》	1. 通过实验能够感受到一分钟的短暂 2. 通过内容整合学习能感受到一分钟的宝贵 3. 树立在生活中节约每一分钟的好习惯
中段	做时间小主人	·语文：三上一单元 ·数学：三上《时、分、秒》 ·道德与法治：三下三单元	1. 明白时间的基本构成序列 2. 能够根据自己的情况设计短期—长期的时间安排表 3. 能主动按照时间计划来学习和生活，具有一定的自我约束力

(续)

学段	主 题	跨学科	预期目标
高段	难忘小学生活	·语文：六下六单元 ·道德与法治：五上一单元 ·综合活动：难忘的毕业典礼	1. 通过对小学阶段的回忆，明白时间的宝贵 2. 能够清晰认识自己的现状，并对未来做出初步计划

2. 朝会。

抓住学校"精彩八分钟"的朝会时间，开展"励志惜时好榜样"的系列主题活动，用孩子们喜闻乐见的形式为他们一天的学习注入正能量。

年 段		主 题	朝会安排	形 式
低段	一年级	我是独立小学生	·古诗 ·民俗谚语	1. 教师解析、学生背诵 2. 视频、小老师领读
	二年级			
中段	三年级	我是守时小学生	·成语积累 ·名人故事 ·同伴妙招	1. 摘抄卡 2. 视频、图片 3. 现场分享
	四年级			
高段	五年级	我是惜时小学生	·书法赏析 ·故事分享会	1. 视频、图片、实物 2. 现场分享
	六年级			

3. 班会。

班会课作为班级品牌育人的主阵地，一分一秒都弥足珍贵。笔者根据"四有"好少年不同阶段的需求进行纵向贯穿，再结合多项教学资源进行横向密织，逐步形成跨越 3 个学段、6 个年级、200 余节课的系统育人脉络（见第 66 页表）。

三、传秋之温润·管理育心

秋风不燥晴空好，惜时少年多成长。"嘀嗒小主人"班级建设方略源于解决学生真实问题的需要。基于时间计划和课堂深耕，笔者在秋季学期设计了班级管理策略，帮助学生逐步实践自我时间管理。

1. 校内管理讲民主。

◎ 班级公约

班级学习和生活都严格按照校园时间表来设定，师生以"班级公约"的形式达成共识。

◎ 个性引导

在"班级公约"的约束下，班级整体呈现良性运作状态，但面对个别有困难、管不住自己的学生，还需要特别指导。

低段·认识时间		中段·安排时间		高段·珍惜时间	
一年级	二年级	三年级	四年级	五年级	六年级
1. 尊师礼 2. 交际礼 3. 听课礼 4. 路队礼 5. 就餐礼 6. 说话礼 7. 如厕礼 8. 守时礼	1. 组建小组 · 了解必要性 · 明确分工 2. 开展团建 · 明确管理方案 3. 任务服务 · 《校园时间表》 4. 总结梳理 · 《晒晒我的课余时间安排表》 · 《时间是什么》 · 《不想遵守怎么办》	1. 畅谈时间 · 感受一分钟 · 畅谈每天、每周、每月 2. 解析"一学期" · 月——周——天 · 小时——分——秒 3. 认识时间表 · 关注时间序列 · 细化内容结构 4. 时间安排妙招 · 整块——碎片时间 · 紧急——长期时间 5. 制作学期安排表 · 班级——个人 6. 制作月、周及日时间安排表 7. 总结梳理	1. 说说那些效率高的人 · 家人——同学 2. 珍惜时间好榜样 · 名人伟人故事 · 名言警句启迪 3. 认识"突发情况" 4. 如何调整时间计划 · 预判 · 紧急情况分析 · 重要原则遵守 · 边调整边推进 5. 总结梳理 · 签订时间协议	1. 阶段性计划 · 交流你的小学生活 · 思考你的初中未来状态 · 畅想你的未来安排 · 调整你的时间安排动力 2. 认识压力 · 压力的实质 · 解压妙招 · 案例呈现 3. 正确看待"挫折" · 古人怎么看待挫折 · "挫折"的实质 · 案例呈现 · 交流你的理解 4. 总结梳理	1. 明确学段重点 · 调整时间计划 · 清晰目标意识 · 排除干扰人事 · 保持集中专注 2. 梳理小学成果 · 回顾学习成果 · 物化学生活 · 总结人生经验 3. 开阔精神世界 · 全面看待自我、他人、局部环境与世界 4. 总结梳理

```
┌─────────────────────────────────────┐
│   "嘀嗒小主人"   自我管理公约          │
│                                        │
│  课堂作业按时完成，拖拖拉拉绝不行。     │
│  听课时间高度认真，拒绝懒散不认真。     │
│  锻炼时间务必保证，混淆轻视可不行。     │
│  朝读午管有序安排，闲聊散漫很费时。     │
│  课后延时高效利用，全科完成我能行。     │
└─────────────────────────────────────┘
```

多观察：通过观察行为举止，思考学生无法遵守时间、自我控制、完成任务的原因。

多指导：运用师生面谈、家校合作等方式，纠正态度、强化技能。

多帮扶：配备"惜时成长导师"，予以"小老师"及时介入、用恰当方式提醒的权力。

多鼓励：善于发现学生的点滴进步，在班级、家长群及时表扬，形成促进孩子遵守公约、向上向善的正能量，推动他们不断前进。

◎ 活动练技

"励志惜时"绝不应该只停留在口头上，而应进一步落在行动上。根据不同年段的不同类别需要，我设置了以下内容（见下表）：

类　别		具体内容	评价方式
班级荣誉		按时到校小明星　课前准备小明星 听课专注小明星　定时作业小明星 午管守时小明星　守时高效小明星	"嘀嗒小主人"班级荣誉徽章
定时大比拼	生活	一分钟收文具　三分钟整理书包 半小时午餐收拾　十分钟清洁打扫 一分钟排队整理　五分钟交齐作业	
	学习	十五分钟书法练习　十分钟听写 二十分钟定时作业　十分钟口算 半小时百字作文　半小时阅读训练	

2. 校外管理有方法。

◎ 时间安排，整体把握

利用班会课，引导学生结合自身情况，认真制作并不断完善自己的《课后时间安排表》《周末时间安排表》《假期时间安排表》，以形成学生对自我成长阶段的整体把握。

◎ 自我约束，张弛有度

在学生自主落实各项时间表的过程中，笔者通过观察他们的具体表现和与家长定时沟通，了解他们的具体情况，给予切实可用的指导和帮助。

纸质记录法：在时间安排表后面增加是否逐项完成的记录格，通过"√"的方式来记录自己的表现。

自我暗示法：在需要的时候通过心里话进行自我暗示，例如："坚持下去，不要走神！""我可以的！加油！""想想……都做到了，我也不能松懈！"自我暗示往往具有意想不到的力量。

奖惩分明法：定期对孩子的表现进行口头小结，并予以物质或精神奖励，以此不断强化"正确的行为"，不断引导孩子"向上而行"。

不同方法，奔向一个目的：避免学生发生"校内高效，回家拖拉"的情况，让"励志惜时"真正贯穿到学生自我成长的始末。

3. 多样总结促成长。

◎"嘀嗒小主人"班级荣誉徽章

班级以《小组评比表》为依据开展每周"励志惜时"情况小结，利用周五的朝会时间，对优秀小组及优秀个人颁发"嘀嗒小主人"荣誉徽章。

◎"嘀嗒家庭"交流分享会

鼓励"嘀嗒家庭"每月开展交流分享会，小结孩子当月"励志惜时"情况，鼓励父母以身示范，分享自己关于时间管理的妙招，巩固德育主题，拉近亲子关系。

四、承冬之沉淀·文化浸润

自然界中的冬，是贮藏升华的季节；"嘀嗒"班级里的冬，是总结内化的时期。我们利用这段时间，用班级显性、隐性文化丰盈、滋润学生心灵，让班级建设与学生同步、同频、同发展。

1. 班级显性文化创建。

班名：嘀嗒小主人。

班歌：《时钟在说话》、《长歌行》汉乐府童声合唱。

班级口号：励志惜时，快乐成长。

班徽：

2. 班级隐形文化浸润。

板块 形式	内容范围	参与形式	评价反馈
书法展示区	• 硬笔、软笔 • 单篇或系列书法作品 • 名人名言 古代诗文 俗语 谚语	个人展示	"嘀嗒小主人"班级荣誉徽章
榜样宣传墙	• 图文结合 • 展示"励志惜时"好方法	个人展示	
小组争星榜	• 以小组为单位 • 小组长随时考评 • 涵盖每位同学 • 涵盖在校所有时间	个人＋小组＋集体	
班级故事集	• 身边的榜样故事	个人展示	

持续六年的班级文化建设，对学生的思想、行为进行了潜移默化的影响，不断更新的班级物化成果也促进班级风貌持续积极向上。

特色和成效

经过四年的实践，"嘀嗒小主人"班级德育品牌已经深深扎根，珍惜时间、健康成长的班级风气日渐形成。"嘀嗒小主人"成长有态度、做事有计划、自控有能力、思维有深度的状态让人感动！时间，不再是他们指尖消遣的工具，而是需要争分夺秒、格外珍惜的成长助推器。

带班方略实践的四年中，能够直观地看到：学生逐渐懂得时间的宝贵，能够自主安排、自我约束；老师上课效率提高、教学效果明显提升；"嘀嗒家庭"能在和谐的亲子关系中有效沟通，协助孩子适应不同阶段的成长；班级也在年级各项活动及评比中获得好评，并荣获区级"优秀班集体"荣誉称号。四时有序，成长有时，励志惜时，未来可期！

重庆市渝中区中华路小学 "嘀嗒小主人"班级 夏　娟

萤萤之光　点亮童年

如果将一个班级比作一堆沙子，如何将它凝铸成坚固堡垒，这就需要班主任当好班级凝结剂，在每一个小小的颗粒之间，填补他们之间的空隙，让他们的手互相紧握，形成强有力的凝聚力，共同向前。在 10 年的班主任工作中，笔者始终秉承"为每一名儿童积蓄成才的力量"的育人理念，采取活动化、课程化、特色化的班级管理措施，构建由点及面、有本有末的班主任工作实践体系，点亮孩子的心灵、点亮孩子的彩色童年、点亮孩子的精彩人生。

班情分析

班级一共有 32 个孩子，其中 90％以上来自流动人口家庭，家长从事的职业大都是这座城市里最基础的服务行业，工作不稳定，又因忙于生计，对孩子的成长陪伴、管理和引导较少。其中 20％的学生由家里老人抚养，由于老人的体力和精力有限，只能照看孩子的饮食起居，疏于对孩子的学习习惯和行为习惯进行养成教育。

综合学生们学科学习、行为习惯等方面的行为表现，我班主要问题呈现如下：

1. 家长忙于生计或者外出打工，与孩子缺少沟通，家庭关爱的缺失使孩子对情感淡漠。

2. 孩子们因缺乏来自外界的鼓励而不敢表现，普遍缺乏自信，常会逃避学习任务和各种活动。

3. 尽管生活自理能力较强，但由于家庭教育的缺失导致孩子的行为习惯较差，学习能力也较弱。

育人理念

苏格拉底说："教育不是灌溉，而是点燃心灵的火焰。"在"为每一名儿童积蓄成才的力量"的育人目标引领下，基于本校"精彩的人生起于彩色的童年"的办学理念，结合班级的实际情况，尽可能多地提供丰富多彩的校内外生活，给孩子一道成长的光。以活动修心，以践行筑爱，让班级成为正能量的磁场，使学生拥抱更多的可能，从而提高学生的学习力，提升家长的教育能力。因此，本人带班育人方略是：以萤萤之光，点亮孩子的心灵，点亮他们的彩色童年，点亮他们的精彩人生。

班级发展目标

1. 在学校营造班级温暖的成长空间，建立开放民主的管理模式，让学生感受到关爱，丰富学生的情感体验。

2. 搭建班级成长展示平台，让每个孩子体验成功，提升自信。

3. 提供丰富多彩的校内外生活，帮助学生开阔眼界，促进其身心成长，从而提高儿童的学习力，提升家长的教育能力。

带班策略

1. 文化引领之光点亮育人环境。

创建温暖有爱的班级文化，点亮育人环境，让孩子们感受到家一般的温暖。如和学生们一起设计班名为"萤火虫班"，寓意着因为有了你，有了我，有了它，小小的萤火便能化成漫天的星光，点亮童年。希望每个人都尽自己最大的力量发出光芒，照亮周围的一小片天地，给身边的人带去光明，带去温暖，带去幸福。我们的目标是——让自己的人生亮起来！每个孩子都出彩！我们坚守着"勤奋、博学、自律、向上"的班风、班训，制定了全班同学共同遵守的班级公约，粘贴在教室黑板醒目的位置，时刻提醒、鞭策着大家认真履行。我们的班徽是：大的萤火虫代表教师，引领孩子们走进知识的海洋，学会生存的本领，懂得做人的真谛。小的萤火虫代表中队的每一名少先队员，在教师的带领下，团结、勤奋、快乐、奉献，用微弱的光照亮自己，照亮他人，照亮班集体。

布置会"说话"的墙，让每一面墙都具有教育作用。在"你追我赶"评比栏中，可以看到每只"小萤火虫"都在闪耀着成长的光芒；照片墙展示了班级活动的照片，记录着孩子们学习生活的脚印；还经常更换学生们的作品，让板报墙"亮"起来，和学生们产生互动，让板报真正融入学生的生活。这些具体的实践过程其实就是班级文化走进学生内心的过程，教室成为有温度、有情感、有吸引力的空间，彰显了班级特色和充满温暖和关怀的班级文化。

为了保持学生们的沟通渠道畅通，培养、建设一支有魄力、责任心强的小干部队伍，成了工作的突破口。因此笔者在开展班级工作时，充分发挥了小干部的模范带头作用，让他们来组织、管理。从计划的制订、活动主题的选择与开展，都放手让小干部去干，让他们多动脑筋，发挥创造力，培养学生的主人翁意识，从而营造自律的班级氛围，实现自主管理。

2. 课程智慧之光点亮学生心灵。

充分利用校本课程、开展班本化课程，让课堂闪耀智慧之光，点亮学生心灵。

结合学校每周一下午的"彩色课堂"，培养孩子们的兴趣爱好。让学生选择自己喜欢的实践课程，如围棋社团、语言社团、小创客社团等，利用校内的资源使其潜能得到挖掘。依托"城墙文化"校本课程开展班本化实践：诵读城墙诗词，吟唱城墙儿歌，讲城门故事，去城门遗址研学等，让孩子们了解城墙历史，拓展学习空间、视野和兴趣。利用道德与法治课、班队会课、朝会课开展法治教育、文明礼仪教育、环境教育、心理健康教育、劳动教育等专题教育，发展学生的道德认知。

3. 多彩活动之光点亮彩色童年。

带领孩子们开展丰富多彩、有教育意义的活动，在活动中，搭建班级成长展示平台，让每个孩子体验成功，提升学生自信，点亮彩色童年。结合学生特点，在组织活动时，力求达到"五点"，即活动主题要小一点、活动内容离学生要近一点、构思设计要巧一点、活动要落得实一点、内容形式要新一点。在这个经验指导下，和班干部一起设计、组织队员开展了爱国主义系列活动、养成教育系列活动，法制教育系列活动、雏鹰争章系列活动等。如一年级开展了队前教育课，举行结对仪式，开展"入队前要为人民做一件好事"等活动；二年级开展了"少先队知识竞赛""书包整理比赛""文明礼仪小明星"等活动；三年级开展了"手拉手""安全知识我知道"等活动；四年级开展了"中医药文化进校园"、班级种植、"十岁成长礼"等活动；五年级开展了"诵革命诗词，传民族精神""保护巴渝城墙"等活动；六年级开展了"师恩难忘"主题活动和社会实践活动。这些活动极大丰富了学生们的学校生活，让学生在不留痕迹的教育氛围中，产生了心灵感悟，使原来的"说教与灌输"式的教育变成了心灵的沟通与情感的交流。

积极参加研学实践活动，加强对学生生活技能、劳动习惯、动手实践和合作交流能力的培养，如定期开展家庭教育讲座、家长开放日活动、举办"以'萤火'为种，为'梦想'展翅"亲子阅读会、"萤火飞舞"亲子运动会等。结合家长的职业，聘请学生家长成为"垃圾分类我行动""我是餐馆服务员"等系列社会实践活动的"导师"。学生和爸爸妈妈在一起开展家校社会实践活动，孩子们劲儿更足，家长心更暖！

4. 协同育人之光点亮精彩人生。

调动、整合社会各方面的资源和力量，充分利用社区实践中心、爱国主义教育基地、青少年教育基地、中小学生研学实践基地、博物馆、科技馆、美术馆、基层党群活动场所和青少年宫、儿童活动中心、青年之家等各类文化场馆、社会资源，让学生参与校外实践活动。开展"家长课堂"，组织队员们积极到社区文化宫参与活动等，努力营造有利于少年儿童健康成长的良好社会环境。

特色和成效

通过提供丰富的多彩的校内外生活，给孩子一道成长的光。以活动修心，以践行筑爱，让班级成为正能量的磁场，让儿童拥抱更多的可能，提高儿童的学习力，提升家长的教育能。

1. 班级成长：班风积极向上，理解包容，团结友爱，班级自主管理能力增强，学生的集体荣誉感也越来越强，受到科任老师的一致赞赏，多次获得班级文明星、健美星、感恩星、洁净星等光荣称号，在学校运动会、科技节、艺术节等活动中也表现优异。

2. 学生发展：学生的目标感和责任感增强，规则意识和自我管理能力也大大提高，不仅养成了好习惯，也更有自信心了。在校学生们学习主动，做事认真，待人友善；在家能合理安排学习和生活，体贴父母，热爱劳动，还主动参加社区实践活动。

3. 教师成长：教师的专业成长了才能引领学生幸福成长。在育人过程中，本人也不断明晰带班理念、精进自己的业务能力，多次获得市区级优秀教育教学案例奖项，被评为"渝中区十佳少先队辅导员"、渝中区优秀德育工作者等称号。

重庆市渝中区解放西路小学 萤火虫中队 何梦佳

森林文化　生生不息

　　陶行知先生曾说："培养教育人和种花木一样，首先要认识花木的特点，区别不同情况给以施肥、浇水和培养教育。"因材施教便是这个道理。当教师把每一个学生都理解为他是一个具有个人特点、具有自己的志向、自己的智慧和性格结构的人的时候，教师便会更好地热爱儿童和尊重儿童。因此，笔者将自己的班级比作小森林，学生便是森林中的一员，是具有个性特点的不可或缺的一员，希望他们都能在小森林中找到自己的价值，不断成长。

班情分析

　　本班 42 人，男生 23 人，女生 19 人，其中外地来渝经商的家庭较多，如河北、浙江、福建、广东等地，本地的也多来自区县，来自主城区的较少。学生善良单纯，能听从老师的教导，积极面对学习和日常生活，具有一定的责任意识。整体班风、班貌较好，有集体荣誉感。女生普遍温和内向，遵守规则，有同理心。男生活跃但个性十足，且在面对困难和挑战时缺乏自信心。部分男生在交往时存在不能换位思考，包容心较弱的现象。个别同学思维不够灵活，反应较慢，学习困难较大。有的学生家长陪伴和监督的时间有限，并缺乏指导孩子自主成长、独立做事的具体方法，且大部分学生缺乏自律性。针对班级现状，笔者制定相关管理目标，以激发学生内驱力，培养其包容心和自律性。

育人理念

　　学校的办学理念是"大道于微，和而不同"，希望每位学生都能发挥自己的长处，收获属于自己的独一无二的成长历程！森林属于大自然，在森林里有着各种动物、植物。有威风凛凛的老虎，也有可爱的小兔，还有美丽的花朵，更有不起眼但春风吹又生的小草。虽然它们各有不同，但都是大自然中不可缺少的一部分，有着存在的价值和意义。班上的学生也是如此，不管家境、长相、性格、能力如何，希望他们都能在"小森林"中队里愉快地学习，健康成长。每天与自己相比，一点点超越自己，找到自己存在的价值和意义，绽放属于自己的光芒。

班级发展目标

1. 总目标：了解森林文化，挖掘森林包容、尊重个性的精神。通过多种育人途径，让学生正确认识自我，积极探索自我，不断超越自我。在共性中寻找个性，找到自己的长处并不断发展长处，从而形成"生生不息"的班级氛围。

2. 分目标：见下表。

总体理念	培养能力	学　段	育人目标
同	崇善尽责	低段	懂规矩　行礼仪　敬老师　爱同伴
		中段	会感恩　明职责　重生命　护环境
		高段	爱祖国　讲诚信　知世界　立志向
不同	会学乐创	低段	能自理　学观察
		中段	讲合作　敢实践
		高段	善分析　有思辨

带班策略

（一）构建"森林"之景

班级环境是重要的教育资源，就像一位不会说话的老师。班级环境创设在促进学生发展方面具有不可低估的教育作用。

1. 布置班级文化墙。

教室的左方和后方墙上各有一块文化墙，教室外靠走廊的位置也有一块班级文化墙。室外文化墙上有班级介绍，包括中队名称——小森林中队，班级口号——不气馁、有召唤、爱自由，还有每年一张的班级合照。文化墙的内容会根据主题而变化，如"寒假生活我最棒""寻找春的足迹""我运动我快乐"等，主要展示学生的课外实践作业。教室左侧的文化墙主要张贴班级荣誉和奖状，教室后方的文化墙则是学生交流和学习的主阵地，分为小森林学习角、小森林作文营、小森林探究园三个板块，目的是用森林主题的图画和标题以及学生的作品，引导学生在兼容并蓄的环境中学会包容别人、欣赏别人，从而激发自己不断向上的动力。

2. 打造小森林植物角。

在教室的一角摆放着几盆绿萝、多肉等植物，分小组照顾。学生在小组合作中查找资料，了解植物生长习性、养护知识，轮流给植物浇水，填写植物记录卡，完成观察日记，记录劳动感悟。学生在养护的过程中了解了不同植物的习性，也懂得了用不同的养护方法对待不同的植物，不仅激发了学生爱护植物的心，培养了学生的责任感，还引导学生学会和不同性格的同学相处。

3. 张贴"小森林"标语。

以标语规范行为，激发动力。对于班训"不气馁，有召唤，爱自由！"作为教师，我引导学生根据自己的情况做不同的理解。有的学生解读为：我们要尽自己最大的努力，当学习和生活中遇到困难时不能退缩；有的学生解读为：同学受委屈了，他需要我的安慰，我应该及时帮助他；还有的学生解读为：虽然我们要遵守各种规则，但在遵守规则的前提下，我们有思考、分享、讨论的自由……学生对班训的认识、理解与内化是一个长期的循序渐进的过程，需要班主任抓住时机，不断引导。

（二）培育"森林"之土

在班级管理中，班级制度就好比孕育森林的土壤，科学的规章制度的制定与实施直接决定着班级管理的好坏。

1. 常规管理制度。

依据校规，结合本班实际情况，制定了班级一日常规、班级公约，由班级小干部监督和推进，实现生生互勉的班级目标。让学生懂规矩、行礼仪、明职责、能自理。

2. 小森林积分评比制度。

班级分为 6 个小组，由组长带领和监督组员在学习方面认真听课、完成各项作业，及时主动找老师订正错误；在生活方面积极参加班级活动、学校活动。根据学生完成的情况，可以获得森林贴纸，贴纸由班主任和各科教师发放，每月进行一次小组评比和个人评比。家长还可根据学生在家的表现进行奖励。由此，学生在多种评价途径中能够不断激励自己。

（三）净化"森林"之水

为了让班级森林更加融洽，让森林的精神感染到每一位学生，我会在朝会上和学生一起了解森林的特点，挖掘森林文化，净化"森林"之水。

多种方式了解森林文化。

学生会分组搜集森林的诗歌，在朝会诵读；制作幻灯片，介绍我国成熟的森林旅游景区；在美术课上，用画笔绘出心中的森林；了解森林春夏秋冬的变化。学生在实践和探索中产生了对森林的敬畏和崇拜，也深深地理解森林对万物的包容，从而也产生了尊重同学、包容同学的同理心。

（四）栽培"森林"之木

人民教育家陶行知认为："熏陶与督促两种力量比较起来，熏陶更为重要。"阅读就是最好的熏陶方式。教师应为学生营造书香弥漫的阅读氛围，让学生时时浸润在缕缕书香之中。

1. 打造班级图书角。

教师精心挑选，班级统一购买适合本年级阅读的优质图书，并将每本新书贴上标签，注明"小森林图书馆"，并按序号排列整齐，以引导学生在归还时放回原处。低段由班主任负责此项工作，中段便可由小干部一起负责贴标签和分类整理。学生自主借阅，图书管理员负责登记，周五统一归还，其间可将图书带回家中阅读。

2. 展示阅读作品。

学生阅读后会展示阅读笔记，中午会利用十分钟分享阅读的故事，还会选择一些文段完成书法作品，并在每月评选出"阅读大王"。

3. 激发阅读兴趣。

挑选与读书有关的名人名言，打印并张贴在书柜或墙上，营造阅读氛围。与全班学生约定第一节课后的课间十分钟为"全班阅读时光"，除了上厕所、喝水，大家都自主在座位上阅读，由图书管理员负责监督。定期进行小组阅读分享，成立班级记者小队，由图书管理员牵头，利用课间采访同学，调查班级阅读情况，并向老师汇报。每阅读完一本书可将学生姓名贴在该本书上，激发学生阅读的成就感。

此外，在学生逐步实现自主管理的过程中，还成立了小森林剧场、小森林互助社、小森林田径队等。

特色和成效

由于尊重学生的多元化个性，真正从他们的角度去考虑问题，因此很多困难都迎刃而解。学生们在小森林中队学会遵守规则、包容互勉，还各自发挥出自己的潜能，找到并登上了属于自己的舞台：足球小将、啦啦操冠军、百灵鸟歌唱家、朗诵才子、书法之星、主持达人、冰球高手……在班级、校级、区级甚至全国比赛中，都能看到学生们的身影。大家都在自己热爱的路上不断前行，互相欣赏。他们从曾经事事都要找班主任解决的小豆包，成长为群策群力、能主动解决问题的队员，每一个孩子的身上都绽放出光芒。

教育的幸福在于共同成长，本人也在努力摸索中不断总结经验，论文多次获得重庆市德育论文、基础教育改革论文征选二等奖；参加现场赛课，获得区辅导员大赛三等奖、区级中华魂演讲比赛初赛一等奖、决赛二等奖，区级综合实践优质课大赛二等奖；还荣获 2020—2021 学年度渝中区优秀德育工作者称号；参加区级作文课题，作文展示课获得区级一等奖，并受邀前往北京市海淀区中关村二小展示示范课。

始终珍惜师生之间最纯粹的感情，愿永葆教育初心，成为一个自驱型教师，保持专业学习的工作状态与学生共成长。

重庆大同实验学校 小森林中队 王 莹

第二章 | 课程育人

聚焦课程　立德树人

一、关于课程研究

"教书育人，德育为先；树人先育德，德正人才昌"，立德树人是教育的根本任务。学校的育人职能任何时候都无法在脱离课程教学的状态下获得完美实现。

课程是人才培养的蓝图和学生成长的"跑道"（课程一词，源于拉丁文，原意是"跑道"，教育学研究将之引申为"学科学习的进程"之意），通过课程教学来育人，是教育功能实现的最重要的途径。

课程育人是指在学校教育情境中，基于学生的全面发展而以各种课程形式为媒介开展育人活动的教育行为。2017 年，教育部颁发《中小学德育工作指南》，文件对于"课程育人"这一实施途径提出了明确要求：要围绕课程目标联系学生生活实际，挖掘课程思想内涵，充分利用时政媒体资源，精心设计教学内容，优化教学方法，发展学生道德认知，注重学生的情感体验和道德实践。

关于课程育人的研究，我们从落实德育课程、发挥其他课程德育功能、用好地方和学校课程、自主研发班本课程等方面，发挥课堂教学在育人中的主渠道作用。

二、德育课程的价值和意义

1. 坚持道德教育的优先地位。

德育的目标在于价值观念的确立、态度的改变，以及正确的道德信念和行为方式的形成。德育课程的根本任务是对学生进行系统的思想品德教育，使学生养成良好的品德和行为习惯，促进学生知、行、意等协调发展。

2. 坚持学生为本的基本原则。

德育课程内容主张从学生成长、发展与生活实际出发，从学生思想品德发展的现状、问题和需要出发，尊重学生已有的生活经验，最大程度体现学生的主动性、创造性和独立性。在德育课程的组织与实施方面，如果没有对学习主体的了解与尊重，就不可能取得应有的效果，这也是德育课程最根本的特色。

3. 坚持学科融合的育人价值。

德育课程既要诉诸认知的因素，又要通过情感、行动的经验去实现。需要充分挖掘渗透于各种学科课程的德育资源，开发相关课程体系，发挥更大的育人价值。

4. 坚持多样灵活的学习途径。

德育课程的实施注重实践性，需要教师根据不同学段学生的身心特点灵活选择教学方式。将交流讨论、情景模拟、角色扮演、参观访问等结合起来，学生在活动和实践中产生情感互动，获得真实体验，内化道德认知，提升道德品质。

三、德育课程的设计与实施

1. 落实国家课程。

德育课程的设计需结合学生的生活实际，要了解学生在不同学段的身心发展特点与规律。

《物品整理我能行》《争当护眼小先锋》两个主题班会，就是基于低年级学生处于良好习惯形成的关键时期而开展的。通过动手整理和情景体验等低学段学生乐于接受的方式，让学生养成讲卫生和爱眼护眼的良好习惯。《劳动伴成长》则以交流讨论的形式，从思想上提高低段学生的劳动意识。《夕阳映照领巾红》把民生问题带进五年级学生的班会课，让高学段的学生通过调查访问、任务卡、完成提案的形式引导学生做有责任、有担当的新时代公民。

德育课程的设计还应通过多种方式了解学生的兴趣爱好、实际困惑和需求。如《探寻端午文化 传颂中华美德》在班级学生发生冲突的情况下，通过故事分享，结合心理学卡牌，引导学生学会宽容和理解。在端午节时，教师就以端午节为契机，指导学生做手账、读诗词，感受传统节日的魅力，还让学生分享与家人包粽子的喜悦。

2. 发挥学科课程德育功能。

学科课程作为德育课程的阵地不容忽视。在认真研读课程标准的基础上，教师根据学科教材，利用各种德育资源为德育工作服务。如《做时间的朋友》就是在道德与法治学科三年级上册教材《做学习的朋友》基础上，针对学习与时间的关系制订的主题班会。语文教师则通过充分挖掘绘本的独特价值，让学生在情境中阅读、角色扮演，提升小学生的情感体验。《传承文化 立夏成长》把立夏节气和传统文化相结合，在短短的微班会上，让学生在斗蛋、吃蛋的乐趣中传承中华文化。

综合实践活动是以学生的现实生活为主要课程资源，以学生自主学习和直接体验为主要学习方式。例如由于学校新迁，于是在新校园以"探秘"的形式让学生沉浸式体验《你好，新校园!》主题班会，受到学生的追捧。《半支铅笔的穿越》主题班会课，则从学生最熟悉的学习用品入手，引导学生树立为中华民族复兴而努力学习的志向，将理想信念在真实的体验中建立，真正去践行"继承革命传统，传承红色基因"。

3. 积极开发地方、校本（班本）课程。

根据学生特点和本地实际，挖掘乡土人文资源，开发、设计地方、校本德育课程，是一种生动、直观地对学生进行道德教育的方式。班本德育课程更是基于班级情境，针对班级学生的特点实施的有针对性的课程实践活动，是对国家课程、地方课程、学校课程的具体化及创造性生成，是校本课程的延伸。

如教师把书法学科融入校本课程的开发中，在《和繁体字交个朋友》的课堂上，教师带学生走到街头巷尾认识繁体字，探究繁体字背后的故事。《走进通远门》是教师基于学校关于城墙文化的校本课程开展的班级实践，学生用多种形式搜集资料，实地参观打卡。走一次超市，吃一顿火锅，画一份地图，寻一个英雄，《麻辣火锅巴渝情》的班本课程设计独具匠心，从课内走到课外，充分发挥教师、家长、学生等建构课程的能动性和创造性，打造了一次有特色的弘扬优秀文化传统的班本实践活动。可以说，班本德育课程的开发助力班主任打造更有个性的班级，优化了其一班一品的建设品质。

总之，本章节呈现的德育课程设计，是基于"课程育人"理念的一次大胆探索，是一群热爱教育工作、乐于探索的一线德育工作者们智慧与经验的碰撞，也期待我们的课程育人研究能激发更多的德育工作者积极开发课程资源，因为育人不仅立足课堂之内，更当延伸到教学之外。

育人不止，探索不息。

物品整理我能行

背景分析

低年级的孩子们正处于良好习惯形成的关键时期，良好的习惯是促进一个人健康成长的重要条件，是健全人格形成的基础，将为终生发展打下坚实的基础。作为80％流动人口子女的学校，大多数学生的父母因忙于生计，无法在子女教育上投入精力；也有部分独生子女家庭的父母过度溺爱孩子，一切事情都为孩子包办；还有部分家长重智育轻德育，重分数轻品行，大多忽略了孩子行为习惯的培养，造成他们经常丢三落四、缺乏整理习惯的现状。针对以上情况，开展一次"整理自己物品"的主题班会很有必要。

班会目标

1. 帮助学生认识到整理好自己物品的重要性，提高自觉性和主动性。
2. 通过整理书包的训练和比赛，初步掌握整理书包的基本方法。
3. 树立学生自主整理物品的行为意识，培养学生实际动手整理的能力，逐渐养成良好的整理习惯。

班会准备

书包柜和图书角照片、书包整理微课、物品整理记录卡、书包、学习用品、非学习用品。

活动过程

活动一：玩一玩"看谁找得快"

教师邀请两位学生进行比赛，看谁能最快从书包里拿出听写本。

（参加比赛的两位学生，一个是文文，平时做事有条有理；一个叫凡凡，

平时总是丢三落四）

师：为什么文文找得比较快？

生：文文动作快。

生：文文书包里的物品整理得很整齐，容易快速找到。

师：文文，你为什么能一下子就找到听写本呢？

文文：我每天做完作业后都会整理自己的书包，书、本子、文具都会放到固定的地方，这样拿起来更方便。

师：原来，每天定时整理的书包，就可以帮我们快速地找到自己所需要的物品。（板书：定时整理）

（设计意图）通过"玩一玩"的活动，让学生自然而然地发现整理物品给学习带来的便捷，激发了学生的学习兴趣和主动参与的意识。

活动二：说一说"自己的发现"

师：（出示教室书包柜和学校图书角物品摆放图片）你发现了什么？

生：书包柜很脏，里面的东西也乱七八糟的。

生：图书角的书摆放得很整齐，不像书包柜那样乱糟糟的。

师：孩子们，你更喜欢哪个地方？为什么？

生：我更喜欢图书角，那里不仅漂亮，图书也摆放得非常整齐，大家找书很方便。

师：你知道怎么整理自己的物品吗？

生：不知道。在家里，我的物品都是妈妈帮我整理的。

师：是的，我们班很多同学都不会整理自己的物品，造成物品混乱不易找，还影响美观。为了解决这个问题，今天我们就从整理自己的书包开始吧。

（设计意图）通过真实照片的对比图，增强了学生对美的鉴赏能力，同时让学生直观感受到书包柜的"脏、乱"，发现班级存在的问题，明白物品整理的重要性。

活动三：理一理"整理书包的方法"

教师用多媒体呈现书包中的物品，引导学生思考讨论。

师：这么多物品，该如何整理？

教师出示高年级介绍整理书包方法的微课，内容如下。

第一步：清空。

把书包里所有的东西掏出来集中放在一个地方，包括学习用的和非学习用的。

第二步：分类。

学习类：课本、作业本、辅导书籍、笔记本等；

文具类：签字笔、铅笔、彩笔、橡皮擦、削笔刀等；

艺术课程类：手工、绘画、体育等课程需要的物品；

非学习类：雨伞、水杯、餐巾纸等。

第三步：筛选。

按课表把不需要放在书包的东西清理出来，不需要每天都带的物品放在一个地方，并且做记录。

第四步：收纳。

将书本按高矮顺序排列，最大的放入书包最后一层；练习册、作业本放第二层；最外一层放文具盒、转笔刀等；水杯和餐巾纸放在书包两侧。

教师出示实物，指定一名学生上台来给学生们演示整理过程，师相机指导。

师：同学们，整理过后的书包给你留下了什么印象？

生：干净整齐，看着舒服多了。

教师用多媒体呈现整理书包的顺口溜，学生齐读，加强记忆。

小书包，勤整理；看课表，做清理；

大小书，里层放；大在后，小在前；

文具盒，放外层；餐巾纸，两侧装。

（设计意图）教师巧用微课进行引导、点拨，使学生学到更多的整理妙招，感受不会的事情学着做并学会的成就感。借助学习顺口溜进一步加深学生对整理方法的梳理，感受整理过程带来的乐趣，引发其内驱力。

活动四：比一比"我是整理小能人"

师：同学们学习了整理书包的好办法，一定迫不及待地想试一试。现在，让我们进行一场"整理书包"的比赛，争夺"整理小能人"奖章吧。

全班同学按指令参加"整理书包"比赛。

①先将书包里的物品轻轻放到桌子上，坐端正。听到老师"开始"的口令，迅速将物品整理好放入书包。

②在规定时间内收拾、整理好自己的书包，经检查符合要求的同学，获得"整理小能人"奖章。（板书：整理小能人）

（设计意图）通过设计符合学生年龄特点的竞赛活动，扩大学生参与的范围，活跃课堂氛围，催化学生学习的主动性、创造性。

活动五：评一评"物品整理我能行"

师：生活中，还有哪些地方的物品也需要我们定时整理呢？

生：书桌、书柜、鞋柜、衣柜、自己的房间等。

师：运用这节课学的方法，整理一下自己书桌、书柜和房间，把你的好经验介绍给同学，还不熟悉整理方法的同学可向老师和家长请教。

分发卡片，激励坚持。教师给学生分发物品整理笑脸打卡表（见下表），让学生明白笑脸打卡的内容和要求。让孩子们借助物品整理笑脸打卡表，养成每天整理物品的良好习惯。

物品整理笑脸打卡表					
时间 内容	星期一	星期二	星期三	星期四	星期五
整理书桌	☺				
整理书柜	☺				
整理房间	☺				

（设计意图）班会活动应该折射时代、链接生活、聚焦挑战，以此培养学生发展的核心素养。好习惯不是一天可以养成的，通过这一课外作业的设计，使抽象的习惯养成变为具体评价方式，将习得的整理习惯由校内向校外延伸，注重家校结合，促进学生整理习惯的长期养成。

课后延伸教育活动

1. 借助学科教学，让"思维整理"再升级。运用物品整理方法，引导孩子们从语文学科的学习入手，用思维导图的方式将知识点进行整理，让孩子们的思维更有序、更流畅。

2. 携手成长规划，让"情绪整理"再出发。组织孩子们商讨坏情绪带来的危害，制定情绪管理公约，借助情景剧表演的方式传递自我情绪管理的办法，制定适合该学段孩子的成长规划，用目标管理的方式来战胜坏情绪。

班会反思

本次主题班会以学生活动为主线，让学生在活动中培养自理能力，并激发他们劳动的内在需求。在学生对整理书包有一定的认识之后，指导学生现场整理、熟练整理步骤，借助顺口溜牢记整理书包的方法，并通过整理书包比赛巩固所学，实现现学现用。最后，还通过记录卡的形式进一步激励学生坚持独立整理自己物品并再次深化活动主题。而且，物品整理笑脸卡的使用能有效地将本次班会的收获进一步延伸到日常生活中，实现家校共育，不断激励学生养成自己整理物品的良好习惯。

　　本次班会活动主题鲜明，贴近学生实际，课前准备充足，活动环节新颖有趣，学生能积极参与，实现了预期的活动目标。通过整理书包的系列活动，学生亲历整理书包的劳动过程，自理能力和劳动品质得到了培养。

　　整理，蕴藏着人生的态度，不仅让我们周边的生活环境变得舒适，也是身心治愈的过程。整理书包、书桌、房间，能给人带来良好的学习和生活环境；整理笔记、错题，能使学生养成良好的学习习惯；整理思路、整理情绪，可以让自己变成积极乐观的人。希望通过一系列的整理活动让学生们学会整理，未来创造美好生活。

重庆市渝中区临江路小学　兰雅中队　杨　霞

争当护眼小先锋

背景分析

　　眼睛是心灵的窗户，在建设阳光班级的活动中，帮助学生们树立健康第一的思想，加强学生们对眼睛的了解，对近视眼危害的认识，增强孩子们的爱眼意识，懂得怎样去呵护自己的眼睛。笔者发现班内部分学生存在一些用眼卫生的问题：不认真做"眼保健操"，读写姿势不正确，到视力下降后仍不知道如何保护，还有些学生爱长时间玩手机游戏。因此，如何保护视力，注重用眼卫生是班级急需解决的问题。

班会目标

　　1. 了解造成近视的原因，知道爱护眼睛的重要性。
　　2. 培养学生形成良好的用眼卫生习惯。
　　3. 具备爱眼、护眼的知识理念。

班会准备

　　眼罩（透光、不透光）、作业本、护眼争章卡、小贴画，学生分组收集的生活中不良用眼习惯小视频以及护眼相关资料等。

活动过程

活动一：爱护眼睛，珍爱光明

（一）问题引入，辨析明理

　　1. 教师设置情景，通过两位神秘新朋友"孙悟空"和"护眼小精灵"的对话，引起学生思考：生活中戴眼镜的现象很普遍，但是戴眼镜好不好呢？
　　①主持人：同学们，今天的班会课上有两位神秘的新朋友来到我们身边，

我们一起看看吧。

②播放视频（孙悟空和护眼小精灵的对话）。

孙悟空：大家好！俺老孙来啦！我可是大名鼎鼎的千里眼呀！再远的地方我都能看得到。咦？怎么人们脸上都带着两个圈圈呀？难道是新款紧箍咒？

护眼小精灵：不是的，这是人们的眼睛近视了，戴的眼镜。

孙悟空：眼镜还挺有意思的，我也想试试。

主持人：同学们，孙悟空感觉戴眼镜很有趣，他想试试看。那戴眼镜到底好不好呢？

2. 在这个环节中，学生在课前分小组展开调查，在课堂上展示调查的资料：采访身边戴眼镜人士的感受，进一步引发同学们的思考。

①小组成员依次分享调查材料：戴眼镜的不方便之处。

组员 1：看 3D 电影时，要戴 2 副眼镜，很不方便。

组员 2：打羽毛球时，眼镜总是会滑下来，经常都要扶一下，很不方便。

组员 3：疫情防控期间戴口罩，再戴上眼镜，镜片上会起雾。

组员 4：戴眼镜说悄悄话时，容易撞到脸。

组员 5：眼镜戴久了头很晕，眼睛也很胀。

组员 6：戴上眼镜后，吃饭、做饭，热气一下子"扑"到眼镜上，瞬间镜片上就都是雾气，什么也看不到。

②班级学生交流感受。

生 1：我感觉戴上眼镜很麻烦。

生 2：看了视频，我也觉得戴上眼镜很不方便。

（二）预防近视、提升认知

1. 借助医生的形象，从专业角度带领学生认识近视带来的危害，同时从学校整体患近视学生的比例，让学生产生危机感，感到保护视力迫在眉睫。

①医生谈近视的危害。

播放音频《近视的严重性》：儿童近视的危害非常大。除了体现在生活上的不方便以外，还会对眼部发育和眼睛结构产生损伤。一旦患近视，很难彻底恢复，积极的治疗也只能起到保持视力不下滑的作用。如果患了近视又不治疗，视力会下降，最终看不清东西，还会引起弱视，甚至失明，不但对生活有影响，还影响未来的职业选择。

②教师介绍上一学年度本校学生的视力情况。

师：我在学校保健处了解到，上一学年度我校学生一共有 766 人，其中视力不良有 471 人，超过了学校人数的一半呢。现在近视越来越低龄化，小学生近视不良率呈上升趋势。

活动二：亮丽眼睛，童心守护

（一）情境体验，护眼重要

1. 通过眼科医生提供的小视频《近视眼中的世界》，触发学生的直观感受。

主持人：眼睛近视后看到的世界是什么样的呢？让我们一起来看看吧。（播放小视频）

2. "体验近视眼"小实验，实验取材于学生最常见的生活行为和学习行为，由此让学生直观感受到不爱护眼睛将会导致的后果。

①准备一个透明眼罩，裹上塑料纸，模仿近视的模糊感觉。两位学生参与体验，一位学生戴上眼罩，另一位学生不戴。他们同时、同地出发到讲台拿自己的作业本，请全班学生注意观察，谁先找到自己的作业本。

②体验者谈感受。

生1：我没戴眼罩，很轻松拿到了自己的本子。

生2：我的感受是虽然讲台离我很近，可是因为看不清楚，我走得很慢，找自己的本子也要凑得很近，很费劲才看得见自己的名字。

③全班交流感受。

生3：我感觉近视就算能看见，也明显不方便，找自己本子时速度很慢，而且要拿得很近，才能保证不拿错。

④主持人：是啊，原本轻而易举的事，可如果近视了，就变得非常困难，可见保护眼睛多么重要！

（二）爱护眼睛，面向未来

1. 通过"理想"这一话题，让学生意识到视力的好坏还影响着一个人的未来，保护好视力关系到人的一生，从而对保护视力更加重视。

①主持人：视力不但对生活有很大的作用，对未来的职业也很重要呢！请看同学们带来的情景剧《我的中国梦》。

②情景剧《我的中国梦》。

师：同学们，今天我们要来说说自己的理想是什么，就是你长大以后想做什么样的工作，谁来说说啊？

生1：老师，我的理想是成为一名飞行员，因为开着飞机，翱翔在蓝天中是多么的自豪！

师：这真是非常令人骄傲的理想啊。

生2：老师，我长大以后想当一名宇航员，因为戴上飞行头盔，穿上宇航服，在太空中遨游，特别美妙。

师：飞上太空确实很美妙呢。这位同学你的理想是什么呢?

生3：老师，我长大以后，想当一名军人，因为军人能穿上威严的军装，更重要的是能保卫祖国!

师：当一名军人可真了不起。

生4：老师，长大以后我想成为一名像梅西一样的足球明星。因为，我喜欢在球场上奔跑、传球、射门，如果能成为冠军，拿到奖杯，那就太光荣啦!

师：成为冠军真是太棒啦! 大家的愿望都很好，所以要保护好眼睛，以后才能实现愿望哦。

生（齐）：难道想要实现理想还和视力有关系?

师：当然啦! 比如飞行员、宇航员、航海员、军人、刑事警察等职业，对视力都有很高的要求，近视眼不能胜任这些工作哦。(PPT 展示)

生1：我的视力现在就很好，以后能不能当飞行员呢?

生（齐）：对呀对呀，我们的视力也是正常的。

师：没错，大部分同学现在的视力是正常的，可我们一定要保护好哦。因为视力是在不断变化的，如果不注意保护好眼睛，现在的正常视力，以后也有可能变成不良视力呢。

生（齐）：啊——? 视力还会变化?

师小结：是的，视力是会发生动态变化的。近视眼形成的原因很多，对我们来说，近视眼的形成主要是由人为因素引起的，比如用眼过度和不正确用眼，都容易增加近视的可能性。

活动三：注意用眼，养好习惯

1. 学生课前收集了日常生活中身边同学们用眼的照片，教师则通过判断题的形式，及时普及正确的用眼知识。

①主持人：如果不注意保护眼睛，视力会下降，哪些情况会引起近视呢?

②用眼知识小问答，看图片，判断正确或错误。

不正确的用眼行为图片：

眼睛离作业距离太近;

趴着看书;

在昏暗的光线下看书;

躺着看书;

黑暗中看电视、看手机;

走路时看书、看手机。

③教师总结正确用眼方法：同学们说得非常好，看书写字要注意"三个一"(手离笔尖一寸，胸离桌子一拳头，眼离书本一尺)，还有"三不要"(一

不要过度使用电子产品，二不要在不良视觉环境下用眼，三不要晚睡和偏食）要记住。

2. 教师从平时班级眼保健操完成情况发现，在第三节"按揉四白穴"时，班级学生特别不容易按揉准确。于是在本环节通过展示学生日常眼保健操不正确姿势的照片，引导学生观察，发现自己做眼保健操的问题所在。

①图片呈现班级在做眼保健操时出现的问题。

②学生找出图片中的问题：有按鼻梁的、有按揉眼角的，还有按揉眼皮的……

3. 通过眼保健操示范视频，纠正学生做第三节眼保健操按揉的位置和动作。

4. 学生对照视频练习正确动作。

5. 展示、检验学习效果。

活动四：科学用眼，拥抱光明

1. 寻找护眼小先锋。教育不仅仅是在课堂上，还需延伸到平时的生活中去。学生通过填写《护眼争章卡》，发现自己正确用眼做得不足之处，进而改进。

2. 学生展示《护眼争章卡》。

3. 师总结：在今天的班会课上，我们的各个小组通过生活小调查、近视小实验，展示未来理想职业的小品等活动，同学们知道了保护眼睛很重要，还了解到了保护眼睛的方法，复习了正确按揉四白穴的方法，希望同学们都能养成护眼好习惯，做到心明眼亮精神爽，争做护眼小先锋。现在就让我们在护眼儿歌中，结束今天的班会吧。

4. 齐诵护眼儿歌。

> 读书和写字，光线要适宜。
>
> 过亮和过暗，反光都不宜。
>
> 用眼半小时，注意眼休息。
>
> 看书不趴躺，距眼三十厘米。
>
> 电脑和电视，眼离八倍距。
>
> 车船行进中，不要读和写。
>
> 睡眠要充足，饮食不单一。
>
> 经常做眼操，锻炼不可少。

■ 课后延伸教育活动

坚持完成保护视力打卡表（见下表），争做护眼小先锋。

保护视力打卡表

	星期一	星期二	星期三	星期四	星期五	星期六	星期天
做到"三个一"							
认真做眼保健操							
课间放松眼睛							
户外活动 2 小时							
……							

班会反思

　　本堂班会课，选择了当前社会关注的热点问题，利用生活中生成的资源，引导学生体会保护眼睛的重要，从小养成爱护眼睛的好习惯。课前小调查调动了学生学习的积极性。课堂上针对用眼问题进行讨论，使学生有话可说。小实验直观比让学生体验、感受，从而激发学生一定保护好自己眼睛的意识。小品也让孩子体会到视力对未来职业生涯的重要性。通过小精灵这一卡通形象，巧妙地把理论知识传达给学生，并对正确行为进行甄别，达到了本次班会课的目的。

重庆市渝中区精一民族小学校　廖　欣

劳动伴成长

背景分析

由于低年级学生在家里受到父母及长辈的宠爱，少有机会参与劳动，不能熟练掌握日常的劳动技能，且学生在家所能接触到的家务劳动大多是打扫卫生、洗衣洗碗等，感觉枯燥无趣，使得一部分小学生产生抵触劳动、厌恶家务劳动的思想，以至于在学校时，对力所能及的劳动也无法耐心完成，在需要劳动时会出现推诿、逃逸的现象。因此，在班级的劳动教育中，班主任要加强劳动思想教育，家校携手，共同育人。

班会目标

1. 认识劳动的重要性，树立劳动最光荣的观念。
2. 发现身边的劳动者，唤醒学生的劳动意识。
3. 让学生学会一些简单的劳动技能。

班会准备

1. 学生准备：收集生活中劳动模范的故事。
2. 教师准备：收集与劳动相关的音乐、视频，制作课件；准备"班级劳动小模范"证书。

活动过程

活动一：感知劳动含义

教师播放儿童歌曲，让学生在情境中体会劳动的重要性。学生观看生动有趣的视频，了解劳动的形式是多样的，有各行各业不同的劳动者。在教师的引导下，让学生把目光投向身边的劳动者，从而更好地感知劳动的含义。

1. 教师播放儿歌《劳动最光荣》，学生欣赏儿歌并思考：

（1）儿歌中哪些小动物是我们学习的好榜样？

（2）儿歌告诉了我们一个什么道理？

2. 学生观看视频《劳动者的一天》，发现身边的劳动者。

预设：环卫工人、农民伯伯、交警叔叔、老师、工程设计师……

3. 联系生活，学生谈生活中的劳动者是如何工作的。

预设：

生1：天亮前已经在大街上打扫卫生的清洁工人。

生2：辛勤教导学生的老师们。

生3：救死扶伤、无私奉献的医护人员和志愿者们。

生4：为维护国家安全而坚守在边疆的战士们。

生5：为保护人民生命财产而冒死执行任务的缉毒警察们。

……

活动二：唤醒劳动意识

教师把整洁的教室图片和脏乱的教室图片分别展示给学生，唤醒学生的劳动意识。通过集体讨论，学生总结劳动方法。在《周末大扫除》的情景剧中，学生通过合作探究，学会如何正确使用劳动工具，掌握一些简单的劳动技能，提高动手实践能力。

1. 教师出示干净、整洁的教室图片，让学生谈感受，体会劳动让环境干净舒适，从而带来了美好的生活。

师小结：这干净舒适的环境都是我们的值日生用他们的辛勤劳动创造出来的。劳动创造了美，带来了美好的生活，劳动是最光荣的。

2. 教师出示平时在教室里抓拍的照片。（图片内容：地面有纸屑，桌椅歪歪扭扭，卫生角脏乱……）学生交流感受，思考如何恢复教室的干净整洁。集体讨论后，按"先……再……接着……然后……最后"的句式完成。

预设：

先扫地，再拖地，接着擦黑板、窗台、书柜和桌椅，然后再把桌椅摆整齐，最后倒垃圾，清洁工具放整齐。

师小结：同学们都说得很棒，有了你们总结出的劳动步骤，我们班级的学习环境一定会有很大的改善！我们班有些同学值日时，清洁总是做得又快又干净，我们一起走进学校大扫除，看看他们都有一些什么好办法。

3. 观看情景剧《学校周五大扫除》，讨论如何才能把班级卫生做好。

4. 直观演示：请学生示范如何正确使用劳动工具。

活动三：树立劳动榜样

教师引导学生了解劳动模范的先进事迹，谈自己的收获和认识，学生也可以向大家介绍身边的劳动模范，可以是从新闻里知道的人，也可以是身边的同学，以此树立劳动榜样。

1. PPT展示两位劳动模范：水稻之父袁隆平、淘粪工人时传祥的照片，教师生动形象地给学生们讲述他们的故事。

2. 学生自由谈感受。

预设：

生1：我觉得劳动虽然有些辛苦，但是能为社会创造价值。

生2：劳动能给自己带来荣誉，劳动很光荣。

生3：劳动能够为社会做出贡献。

生4：我们要向这些先进的人物学习，热爱劳动。

师小结：劳动只有分工不同，没有贵贱之分，劳动中有苦有甜。我们的生活离不开劳动者的辛勤付出，让我们感谢这些劳动者。

3. 学生联系生活，讲述收集到的劳模事迹，分享身边劳模的故事，并在班级中评选出两名劳模，颁发"班级劳动小模范"证书。

师小结：劳动是光荣的，希望这两位同学能继续保持这样的劳动态度，老师也希望其他同学以他们为榜样，让劳动的意识在我们心里扎根，相信未来我们班的小劳模会越来越多。

活动四：践行劳动责任

在教师的引导下，学生经过讨论，制订出班级的劳动公约，争做劳动小先锋。

1. 以小组为单位，填写班级劳动公约征集表（见下表）。

班级劳动公约征集表	
组长	
组员	
公约征集	1.
	2.
	3.
	4.
	5.

2. 分享小组征集的劳动公约,教师将其集合在一起进行整理,并补充相关内容。

师小结:劳动最光荣,热爱劳动是我们中华民族的传统美德,让我们从现在做起,从小事做起,积极参与劳动,珍惜劳动成果,争做劳动小能手。

课后延伸教育活动

1. 养成常规:班级设置劳动评价表,以自我评价、小组评价、教师评价为核心,争当"班级劳动小模范"。

2. 衔接生活:家校合力,利用周末时间开展"厨艺大比拼"的活动,学生在家长的帮助下做一个水果拼盘,和家人一起分享,提升劳动热情。

班会反思

一方面,通过通俗易懂的人物形象和故事情节让学生认识到了劳动的重要性,同时让他们知道每天吃的粮食、住的房屋、穿的衣服、学习用的文具等都是人们辛勤劳动换来的,并逐步让他们树立劳动最光荣的思想。另一方面,教师利用设置情境的形式来引导学生总结劳动方法,学习劳动技能,激发学生的劳动积极性,让学生们意识到劳动不是一个简单空泛的口号,而是从生活中一点一滴的小事做起,才能逐渐培养自己的劳动能力。

重庆精一民族小学校　石榴中队　梁晶晶

夕阳映照领巾红

背景分析

　　敬老爱老是中华民族的传统美德，养老护老是全社会应尽的共同责任。现实中笔者发现，小学高年级的学生在和爷爷奶奶一辈相处时，常常缺乏耐心，有时甚至话语很不客气。于是通过本次班会课引导孩子们学会如何与老人相处，心怀感恩之心，孝亲敬老；同时结合语文学习和学校的"小公民行动课程"，为如何科学养老出谋划策，设计一份提案交给政府相关部门，担当起新时代少先队员的责任，特召开主题班会《夕阳映照领巾红》。

班会目标

　　1. 通过调查、采访，了解爷爷奶奶从前的故事，链接起和爷爷奶奶的情感。
　　2. 通过看视频、讲故事，感知爷爷奶奶的爱，激发感恩之心，播下友善、温情的种子。
　　3. 通过红领巾提案，主动关注老龄化社会现象，关心身边的老人，成为有责任担当的新时代公民。

班会准备

　　1. 老师与班级小干部一起确定主题，通过头脑风暴明确小组分工，做好前期准备。
　　2. 在全班发布班会计划，学生提前做采访、填写任务故事卡，收集提案资料。
　　3. 教师提供必要的帮助，协助学生完成提案。

活动过程

活动一：回忆过去　体悟亲情

1. 看一看——爷爷奶奶的老照片。

学生观看相册视频。视频中出现的老照片是课前学生收集的爷爷奶奶年轻的样子。五六十年前，他们都很年轻也很俊俏美丽。但随着时间流逝，爷爷奶奶的脸上增多了皱纹、花白了头发，上楼梯时脚步蹒跚，常常是自己孤独的背影。学生把爷爷奶奶形象的今昔进行对比，引发对养老这一主题的思考和共鸣。

2. 说一说——我和爷爷奶奶的故事。

学生在课前借助故事卡，通过前期采访父母，回忆和爷爷奶奶曾经的点滴故事。在分享故事的过程中，发现爷爷奶奶一直在自己身边默默付出，再一次拉进和爷爷奶奶的心理距离，激发学生的感恩之心。

预设：

生1：3岁的时候，爷爷奶奶抱着我亲不够、爱不够。稍大点儿他们又扶着我学走路，怕我受一点儿伤。

生2：这是8岁那年，我和爷爷奶奶去旅行。

生3：10岁那年，我病重，他们着急地送我去医院治疗，我病好了，他们搂着我高兴地笑。

活动二：关注日常　孝亲敬老

PPT呈现三个场景片段：孩子对老人不理不睬、爷爷奶奶在打扫卫生、爷爷奶奶生病。学生通过观察、辨析并发表观点，实现情感迁移，进而反思自己和爷爷奶奶的相处日常，从中感受到生活中与老人的相处之道。

师：这些场景你们似曾相识吗？谁来说说他应该怎么做？

场景一：对爷爷奶奶嘘寒问暖，打个视频、通个电话，聊聊学校的新鲜事儿。

场景二：帮爷爷奶奶做点力所能及的事，如打扫做卫生，教教他们手机的新用法。

场景三：用零花钱买来水果保养品，让爷爷奶奶身体更健康。

从"活动一"的感知体悟过渡到本环节的付诸行动，让学生们意识到日常生活中应该从一句话、一个小小的动作做起，关心照顾爷爷奶奶。继而，教师号召学生们争做小小志愿者，在每年的"学雷锋日"走进敬老院，怀着感恩之心，尽己所能关爱老人。

活动三：面向未来　担职尽责

以任务驱动，学生通过小组分工，在"前期查阅资料——收集整理——提出方向——本堂课讨论修改——确定提案"的任务单的引导下，从发挥余热、改善养老配套和科技赋能三个方面充分发挥创意，结合背景资料，提出有效方法，并以此立下志向，激励自己将来为养老事业做实实在在的贡献而努力，激发责任担当意识。

1. 观看老龄化现状的新闻的视频。

2. 学生分组完成提案，为专业化、创新养老助力。

（1）提供机会，发挥余热。

预设一：建议爷爷奶奶到社区舞台、艺术中心和中小学校展现才艺；奶奶年轻时候是文艺骨干，退休后可以到艺术中心和学校当志愿者教舞蹈。

预设二：爷爷曾经是中学的历史老师，经常给我讲历史故事，从小我就喜欢。现在爷爷退休了，仍能发挥余热！建议爷爷奶奶到三峡博物馆和社区图书馆当义务讲解员。

（2）环境舒适，专业护理。

预设一：建立星级"夕阳红乐园"。那里有舒适的设施、充满绿色的花园，还有各种各样的社团。

预设二：培养专业人士照顾爷爷奶奶们的生活起居。学习照顾爷爷奶奶的专业知识和技能：急救、护理、心理学知识等，促进老年人看护行业的专业化。

（3）创新养老，科技赋能。

预设：发挥 AI 技术，设计开发智能机器人保姆，在家就可以帮助爷爷奶奶解决很多生活问题。它还可以说话唱歌，当我们不在他们身边时，爷爷奶奶就不会那么孤孤单单的。

一份红领巾提案凝聚着学生的智慧，我们帮助过的人、温暖过的人，最终也会令我们受益无穷；一个微笑，一个微不足道的举手之劳，会让这个社会变得更加温暖与友善。引导学生从自己的身边开始，关注身边的每一位老人，希望这份梦想激励学生为社会做出更大贡献！

▦ 课后延伸教育活动

1. 完善学习成果。学生分组持续查询资料、优化丰富小组提案。

2. 开展班级分享。制作 PPT，小组共创，对本组提案进行演讲。

3. 提案整理和发布。选出优胜提案，在班主任老师的帮助下，将其提交至相关部门。

班会反思

1. 紧跟时代，抓住教育热点。

在班会课上，推动思政小课堂与社会大课堂相结合，聚焦立德树人根本任务。引导学生关注天下事，把实现个人价值同党和国家前途命运紧紧联系在一起，未来自觉投身全面建设社会主义现代化国家的时代洪流。

2. 情感驱动，融入感恩教育。

班会课不能单向度地进行知识和观点输入，要"走心"，这就需要学生全程参与，深度探究，入情入理。在关注养老的话题中，既要有理性思维，更应有感性认知，如此方能实现"知行合一"。

3. 生活链接，指向责任担当。

让学生的学和真实生活、真实世界相结合，通过多种方式开展项目式学习，结合所学知识用实际行动发现问题、找方法，提升责任担当和责任意识。

重庆市渝中区中华路小学　周俐思

做时间的朋友

■ 背景分析

　　在《道德与法治》三年级上册一单元第 3 课《做学习的主人》一课中，学生学习了与时间相关的知识，初步了解了时间这一抽象的概念。进入四年级后，从课下学生的表现、与家长的交流和问卷调查中发现，学生虽然知道珍惜时间，但还不会科学合理地规划时间，或因为拖拉、不专注等原因导致时间规划力、执行力不强。针对上述情况，策划召开一次《做时间的朋友》主题班会。

■ 班会目标

　　1. 通过调查分析、动手体验，掌握科学合理规划时间的方法，增强规划意识。

　　2. 通过合作探究、任务驱动，提炼总结出合理规划时间的策略，增强执行力。

　　3. 与信息技术进行跨学科整合，通过项目式学习，让学生感悟做"时间的朋友"的快乐。

■ 班会准备

（一）教师准备

　　1. 召开班干部会议，确定班会主题，听取学生对班会的想法和建议。

　　2. 给出班会建议，指导学生拟定活动方案，布置任务。

　　3. 协助学生进行调查采访，指导学生运用信息技术（希沃平板）。

（二）学生准备

　　1. 在教师的帮助下设计班会方案。

　　2. 收集相关图文资料、设计问卷。

　　3. 准备实验用具、资料单、黑板贴。

活动过程

活动一：时间都去哪了?

运用信息技术跨学科整合，通过问卷调查的方式聚焦学生真实存在的与时间有关的问题，根据班会主题确定研究任务——科学合理地制定规划表，提升规划力。

1. 猜谜语，引入主题。

主持人出示和时间有关的谜语：世上有件宝，黄金买不了，一去不再回，每天要用好。请学生猜谜语，激发学生的兴趣，唤起学生对时间的认识。时间如影随形，做时间的朋友，让学生与它合作、互助、共同向前。

2. 问卷调查，确定研究任务。

针对班级出现的作业拖拉、第二天没精神学习等问题，每个学生现场利用希沃平板在上面完成一份调查问卷并提交问卷结果，班长代表全班进行问卷分析，通过问卷发现同学们时间规划力不强的问题。

此时教师进行引导：调查问卷真实反映了班级的问题，要做时间的朋友，首先得学会制定科学合理的规划表，解决大家规划力的问题。

教师播放神舟十三号宇航员王亚平的采访，让学生从视频采访中感知时间规划的重要性。

活动二：时间规划有方法

通过小组动手体验、自主探究学习时间规划的三个方法，并且运用所学方法拟定自己的规划表。通过同伴互助修改、优化，掌握巩固合理规划时间的策略。

1. 杯子实验，发现方法。

每个小组的桌上都放置了两个乒乓球，4 个小正方体，一小袋米粒和一个一次性纸杯，实验要求学生想办法把所有东西都放进一次性纸杯里面，放置后要与杯口齐平，不能冒出来。分小组进行杯子实验，再让学生分享实验的过程和结果，讨论是否放置成功了，放置的顺序是怎么样的。

PPT 出示每种物品代表着不同的事情，乒乓球代表最重要、紧急的事情，小正方体代表次重要、次紧急的事情，米粒代表散、碎的事情，而杯子是指一定的时间，以此启发学生交流思考，发现时间规划的第一原则是重要紧急的事儿先安排，次重要、次紧急的事情后安排。利用这个原则启发学生对放学后到晚上睡觉这段时间进行规划。

2. 探究合作，感悟方法。

随机选取一位学生制定的规划表进行分享，讨论是否遵循了上述原则，如从一名学生的规划表中发现该生一直在完成各科的作业，中途没有一点儿休息时间，于是引导学生了解劳逸结合是一种科学的学习方式，可以促进人体的血液循环，刺激大脑，提高记忆力。又如，学校之所以规划课间十分钟休息，以及大课间安排活动，都是遵循这个原则，再次强调劳逸结合能事半功倍。

接着选取另一个学生的时间规划表，让其他学生观察、发现，指出规划表中没有规划空余时间，从而让学生认识碎片化的时间，鼓励他们将看似不起眼的时间利用好，也会带来意想不到的效果。

最后教师引导：是的，孩子们，刚才的活动就是在告诉我们在制定规划表的时候，重要紧急的事儿先安排，要注意劳逸结合，还有，别忘了利用好碎片化的时间。

3. 操作实践，运用方法。

按照上述原则修改自己制定的规划表，然后小组互换规划表，评一评，如果还有不合理的时间安排，同伴可以互助改一改，最后展示、分享修改后的规划表。

活动三：有效执行学妙招

运用信息技术收集影响学生执行力的问题和困惑，通过小组合作探究，从"游戏、人物、格言、工具"四个维度头脑风暴，设计出有效执行规划表的方法，最后以任务驱动概括、总结，进行课后拓展延伸，增强学生的执行力。

1. 探寻原因。

进行现场调查，每位学生运用希沃平板发表观点，找出自己无法将时间规划表执行下去的原因。

2. 头脑风暴。

针对学生观点中时间执行力不强的突出问题，教师给予"锦囊妙计"：计时工具，关于时间的格言警句，游戏的方式。首先，根据不同的"妙计"，教师组织学生讨论，发表看法，或者设计如何使用这些"妙计"。如游戏的方式，让每个小组设计一款游戏并为之命名，安排游戏过程，用游戏模式帮助自己将时间规划表执行下去。然后，对完成规划的学生进行奖励，如何奖励也让学生设置，意在鼓励他们将规划表坚持执行下去，获得成就感。最后，让学生选择一种自己喜欢的妙招，用这种方式督促他们执行好规划表。

教师总结，肯定学生智慧的分享，总结班会课的内容，点明主题，进一步深化认知，树立正确的时间观。

课后延伸教育活动

1. 学生课后按照时间规划表执行（在每周的朝会课上进一步引导学生合理规划、有效执行，当家长反馈在家利用时间的效率大大提高时，及时肯定学生的进步）。

2. 运用合适的方法提高执行力（让学生回家后将游戏、人物、格言、工具等小妙招运用到执行规划表的过程中，时刻关注自己的执行情况并适时做出调整，体会坚持完成规划的成就感）。

3. 召开"我是时间小达人"主题班会（分享与时间做朋友的快乐，评出时间小达人，树立榜样让大家学习）。

班会反思

本次班会课运用任务型教学的方式来构建，与信息技术进行跨学科整合，主张学生自主探究式学习，发现"真"问题、解决"真"问题，形成一种智慧化、促进学生自我教育的班会课。

活动项目确立——问题情境。本课依据课前调查访谈、课上问卷调查发现班级学生存在的不会科学合理的规划时间，或因为拖拉、不专注等原因导致时间规划力、执行力不强等问题，围绕"做时间的主人"这个鲜明的主题，师生共同策划班级团体自我教育活动。

活动项目设计——任务驱动。三年级上册《道德与法治》课中学生对时间有了一定的认识，知道时间很珍贵、很重要，但现实中却存在不少问题。因此通过杯子实验、学习拟定规划表、设计有效执行规划表妙招等任务活动进行研究。

活动项目发布——迁移拓展。学生活动过程中共同分享交流，形成共识。教师是倾听者、点拨者，在每个环节的及时点评和总结引领是对学生自我教育的画龙点睛之笔。课后拓展让学生按照制定的规划表执行时间规划，并运用课上的妙招帮助自己提高执行力，是对课上内容的迁移运用，也是教师持续关注学生养成良好行为习惯的保证，是教师始终保持对学生关爱、心向学生的体现。

总之，本节班会课扎根学生的日常生活，内容选取贴近学生的生活实际，活动形式由学生自己做主，学生为主体，教师是班会课的支持者和点拨者。活动任务单的设计与班会活动有机结合起来，为顺利达到主题班会的教学目标搭建了有效的支架。整节课学生的生成对合理规划时间的原则、有效执行规划策略心领神会，达成了对时间意义的体验内省，在预设充分的情况下也给了课堂生成相应的空间。

重庆市渝中区中华路小学　陈　信

你好，新校园！

背景分析

　　2022 年，校园搬迁新址，如何让学生们熟悉新校园的各个空间和功能分区，从而快速地融入新校园的学习与生活，是我们要关注的首要问题。在前期的"新校园参观""新校园探秘"等系列活动中，把认识新校园的过程变成一场在实践中探究的沉浸式体验活动，学生在活动中学会做好小主人，培养了主人翁意识。通过此次班会活动，引导学生以热爱学校为出发点，学会感恩惜福，立下爱党、爱国、爱家乡的志向。

班会目标

　　1. 通过观察体验活动，认识、介绍新校园。
　　2. 深入了解新校园建设背后的故事，感悟、珍惜现在拥有的学习环境。
　　3. 践行小主人行动，激发出爱校、爱党、爱国的情怀，养成公民素养。

班会准备

　　1. 学生准备：项目式学习。
　　2. 教师准备：视频资料、小组活动资源包、画笔等。

活动过程

活动一：漫步新校园

1. 看看我们的新校园（新校园探秘）。
组织学生观看新校园宣传片。
2. "逛逛"我们的新校园（新校园参观）。
随着新教学楼的完工，师生们终于搬进了期待已久的"新家"。但是，面对地上 6 层、地下 4 层的庞大空间结构，熟悉的过程会有些漫长。以"小导游"带着学生逛校园为活动设计基点，将原本冰冷的建筑解构，借由这样的"拉近"，让孩子们与学校产生亲近感，珍惜之情便有了基础。

师：逛了新校园以后，你想说点儿什么？

生 1：校园的主色调是我最喜欢的"莫兰迪"色，高级有气质。

生 2：新校园空间多，有很多学习和玩耍的场所，是我们快乐成长的天地。

生 3：新校园的功能完善，为我们的学习提供了便利的条件。

活动二：对话新校园

1."点赞"我的新校园。

学生分成五个小组，通过前期"新校园参观"、拍照记录活动等，以 TED 演讲的方式，分享小组喜欢的校园一角，进一步拉近学生与校园的距离，为后面的活动做好铺垫。

2."走进"我的新校园。

播放新校园从无到有、拔地而起的过程的视频，学生们自由发言，表达自己观看视频的感受，懂得这美好的一切并不是轻而易举就能呈现在我们眼前的。浏览"校长朋友圈"，深入新校园建设过程中背后的故事，进一步加深学生与新校园的情感联系，感悟到要珍惜现在拥有的学习环境，感谢党和国家的关注、建筑者和老师们的辛苦付出。

预设：

学生 1：我觉得设计者、校长和老师们都特别用心，为了我们能够在校园里更好地学习生活，注重每一处细节，我想为他们写一张感恩卡……

学生 2：我们能在新校园里成长，要感谢为此付出的建筑师和老师们，有了他们不辞辛劳的努力，才有了我们现如今的好环境，我想为他们朗诵一首诗……

学生 3：看了曾校长的朋友圈，我觉得她很辛苦，我想为她画一幅画，送给她，向她说一声：曾校长，您辛苦了！

学生 4：我觉得还要感谢党和国家的关怀，是他们如此的重视教育，如此的关心我们，给予我们这么好的一切。我们也不能辜负他们的期望，要努力学习，做一个对社会、对国家有用的人。

活动三：点亮新校园

1. 扮靓我的"家"。

以小组为单位，为自己喜欢的校园空间取名。本活动环节与"点赞我的新校园"相链接，学生对自己喜欢的校园空间进行取名与设计，其中包括使用制度等，并利用综合性材料完成海报设计。

2. 我爱我的"家"。

为更好地爱护新校园，各小组合作讨论，确定以"我爱我家"为主题的校园宣传片的拍摄，从就餐礼、着装礼、活动礼等方面依次分享拍摄方案，引导学生在新校园里要养成爱学习、爱劳动、讲卫生的好习惯。

预设：

小组1：我们小组准备在阅读室拍摄大家安静阅读的场景，看完书籍后归还至原处，既能向大家宣传要养成爱阅读的习惯，又能提醒大家做到"物归原主"，爱惜图书。我爱我家，我是中华小当家！

小组2：我们小组计划拍摄在校园集会前整理红领巾和校服的画面，这样不仅能让同学们知道正确的校服搭配，还可以提醒大家参加校园集会时要庄重肃穆。我爱我家，我是中华小当家！

小组3：我们小组会筹备拍摄班级就餐时的场景，有序排队、等待分餐，分餐后向老师说"谢谢"。就餐结束后，将桌面和地面整理干净。一举一动体现文明，一言一行养成习惯。我爱我家，我是中华小当家！

从身边小事做起，为新校园代言。以"点亮新校园"为话题，学生不仅仅是单向的说，更有了双向的"互动"，他们的每一个灵动的想法都得到"点亮"，从而激发起他们身为校园小主人的责任意识，立下长大后要建设好祖国的志向。

课后延伸教育活动

1. 以"项目式学习"方式推进，开展"我的班级我做主"活动，扮靓班级的教室；

2. 以学校"小导游"社团为依托，开展"我是中华小导游"讲解比赛；

3. 以"公益服务小明星"荣誉徽章为评价激励，鼓励学生申报校园"志愿服务队"。

班会反思

心理学家皮亚杰认为，学习是一个积极的过程，亲身经历、犯错以及寻找解决方案，对于信息的消化过程至关重要。他还认为，学习应该是完整的、真切的，当孩子们以各种方式与周围世界互动时，他们会进行认知建构。

本次班会课活动围绕"三个真"开展教学活动：解决学生的真问题，链接学生的真实生活，达成学生真正的生长点，真正践行"人人参与，各见其能"

的校风，做好学校的小主人。

以前期的准备活动"新校园参观""新校园探秘"为探究起点，设计"小导游讲解"，学生们进一步了解自己的"新家"；搭建"TED演讲"这一展示平台，学生们阐述喜欢新校园的理由。通过新旧校园图片对比、观看建设过程视频、"看看校长的朋友圈"等方式，感悟这一良好环境的来之不易，懂得感恩惜福。创设"扮靓我的家""我爱我的家"这两项活动，引导学生用自己的实际行动做好身边小事，爱护好校园，长大以后，再用自己的能力建设好自己的祖国。

总之，我们以"搬迁"为一次教育契机，形成一个有教育意义的班会活动，从而为改善学生校园生活面貌、创造良好生活提供可能。

重庆市渝中区中华路小学校　"小先生"中队　齐　瑞

探寻端午文化　传颂中华美德

■ 背景分析

　　端午节是中国传统四大节日之一，五年级的学生对于这一节日并不陌生，他们知道在这一天要举行包粽子、吃粽子、挂菖蒲艾叶、赛龙舟等活动，但由于条件限制和家庭重视程度等方面的因素，端午风俗在他们眼里仅限于吃粽子，他们对于这一节日背后的文化内涵还缺乏进一步的认识。

　　中华传统美德内涵丰富，博大精深：忧国忧民、道济天下的爱国情怀；勤劳勇敢、自强不息的奋进品格；孝敬父母、尊敬师长的伦理规范……这些中华文化的精髓需要一代代人传颂、继承。

　　基于以上背景，特以端午节为契机开展实践活动，从节日来历、节日习俗到地方习俗等方面引导学生进一步了解端午节的文化内涵，通过活动体验端午文化的独特魅力。

■ 班会目标

　　1. 通过上网查阅资料收集端午节来历的故事，了解端午节的来源。
　　2. 通过诗词朗读激发学生的爱国情怀和民族自豪感，增强文化自信。
　　3. 通过与家人包粽子、吃粽子、做团扇等家庭活动感受端午文化的独特魅力。

■ 班会准备

（一）教师准备

（1）布置学生活动所需要收集的有关端午来源的资料。
（2）准备《典籍里的中国》中爱国诗人屈原的视频片段。
（3）准备有关制作团扇、画茶蛋、投壶等端午习俗视频。

（二）学生准备

（1）收集屈原笔下的爱国诗句。

（2）收集有关端午来源的资料，制作人物卡片。

（3）与家人一起开展包粽子、吃粽子、挂菖蒲、做团扇等活动。

（4）用手账的形式记录自己的端午节。

■■ 活动过程

活动一：寻找端午源头，制作人物卡片

老师简单介绍端午节。农历五月初五即将到来，这一天便是端午节，端午节又叫端阳节、龙舟节。每一个传统节日背后都有历史文化故事，那作为中国四大传统节日之一的端午节又是怎么来的呢？请各小组推荐组员为大家介绍有关端午节源头的传说故事。

学生通过上网查阅资料，以制作人物卡片的方式记录下屈原、伍子胥、曹娥相关传说。

通过查阅资料孩子们发现有关端午节来源的四个故事：古越民族图腾祭、纪念屈原、纪念伍子胥、纪念孝女曹娥。学生采用制作人物卡片的方式将人物图片、简单事迹和人物特点融合在一起直观地展示出自己的收获。这一活动中屈原和伍子胥让学生感受到了古人刻在骨子里的爱国情怀；曹娥救父投江故事中曹娥的孝心令学生感动。家国情怀和孝道是我国传统文化中重要组成部分，从小家到大家，引领着中华几千年的文明发展。

活动二：诗词颂屈原，感悟家国情怀

一提到端午节我们首先会联想到屈原。他是中国历史上一位伟大的爱国诗人，中国浪漫主义文学的奠基人，他的一生悲悯而又伟大。老师播放第七期《典籍里的中国》，视频内容讲述的是屈原以及《楚辞》背后的故事。孩子们通过视频了解屈原跌宕起伏的一生，感受他为了自己的国不惜以死明志的家国情怀。

学生朗诵视频中出现的诗句：①"明明暗暗，惟时何为？"——《天问》②"后皇嘉树，橘徕服兮。受命不迁，生南国兮。深固难徙，更壹志兮。"——《橘颂》③"长太息以掩涕兮，哀民生之多艰。"——《离骚》④"路漫漫其修远兮，吾将上下而求索。"——《离骚》。

通过观看视频和朗诵诗歌，学生感受到了屈原勇于探索的精神，为一方热土鞠躬尽瘁和情牵百姓的家国情怀，更是唤醒了根植于我们骨髓中浓厚的爱国情感。

活动三：全家齐动员，感受端午魅力

作为中国传统文化节日之一的端午节，它是集拜神祭祖、祈福辟邪、欢庆娱乐和饮食为一体的民俗大节。吃粽子、赛龙舟、挂菖蒲这几样是学生们都知道的端午习俗。老师在此基础上拓展端午习俗，以图片和播放视频的形式向学生展示制作团扇、射五毒、投壶、制作香囊、画茶蛋等活动鼓励学生回家与家人共同开展相关活动。

学生经过点拨发现原来端午节日背后的习俗是如此有意思，他们在家同家人一起包粽子、食粽子，享受粽子的清甜；在投壶、制作香囊中感受其乐融融的家庭氛围；在挂菖蒲、洗草药水中感受对美好安康的祈愿；在制作团扇、画茶蛋中感受节日中的诗情画意⋯⋯

在不经意间，端午节的文化内涵也深入了学生内心深处，这一次的端午节也在他们脑海里留下了深刻的印象。活动最后，孩子们以手账的形式记录下了别样的端午佳节。

■ 班会反思

1. 善抓契机，主题立意深刻。

在本次的实践活动中教师以端午节为契机，贴合学生的实际生活。鉴于学生的已有经验，本次活动的主题不在于蜻蜓点水式的只触及端午节日的习俗，而更在于探寻节日背后的文化内涵，从节日中感悟家国情怀。

2. 以生为主，凸显学生中心。

无论是主题的确定还是主题活动的开展都要以学生为主，本次活动中发挥学生的主观能动性，从搜集资料制作人物卡片到同家人一起开展习俗活动，都凸显出学生本位的思想。

3. 家校联动，共促活动育人。

实践活动的设计和实施最好要考虑到家庭的参与度，让学生能与家人一起开展活动，让家长参与到班级实践活动中来。这样，既能为学生和家长的融洽相处提供契机，更能让他们感悟到活动发挥的作用，从而达到家校联动协同育人的目的。

重庆市渝中区肖家沟小学校　黎　敏

走进通远门

　　我校解放西路小学地处重庆母城，校址位于明代建造的城墙之上，周围有相当丰富的历史文化资源。依托我校课题《基于城墙文化的校本课程开发与实践研究》，班级尝试开展班本课实践活动。

　　对城墙文化而言，重庆古城九开八闭 17 座城门，经历了 600 年沧桑变迁，如今唯有通远门还残留着一段城墙，一段母城记忆……通远门是开门，建于明洪武初年，位于主城七星岗的山脊上。它是古代重庆通往成都唯一的陆地城门，因为通向远方，故名之曰"通远"。通远门，作为重庆城重要的军事要塞，它曾历经战火的洗礼与沧桑，它曾诉说着那些血与泪的历史，它是重庆母城当之无愧的——守护者。

　　以通远门为起点，推开记忆的大门，追寻深刻的历史文化内涵，把历史文脉有机融入渝中母城美丽的山水之中，把乡愁刻在心间，让学生们看得见历史、留得住记忆，不忘历史，牢记使命，立志做"敬历史，重礼仪，学文化，善发现，乐创新"的新时代文化传承人。

班会目标

　　1. 尝试通过阅读课外书、去图书馆或上网等形式搜集资料，了解通远门的历史、地理位置等知识。

　　2. 能根据游览指引，实地参观通远门城墙遗址公园，完成小脚丫打卡任务。

　　3. 感受与他人合作、交流的乐趣，对自己的发现有成就感、喜悦感，激发对渝中母城的热爱和自豪感，树立家国情怀。

班会准备

（一）教师准备

　　1. 制作 ppt。

2. 规划游览路线，设计"小脚丫任务卡"。

3. 活动安全教育、游戏道具和场地准备。

（二）学生准备

1. 自由组合成立学习小组。

2. 查阅通远门历史，搜集图片、文字资料。

3. 准备美术用品等相关材料。

4. 了解做传统游戏的规则和方法。

活动过程

活动一　亲近历史篇：通远门知多少

教师通过地图简要介绍通远门地理位置及历史。通远门位于渝中区七星岗山脊上，始建于明洪武四年，是陆上通往成都平原的唯一的陆地城门，故名"通远"。

学生通过查找资料和网络收集通远门历史资料，详细了解通远门主城门、瓮城的作用和建造特点、现状等。（主城门较矮；瓮城现已拆除，相机引导学生理解成语"瓮中捉鳖"的意思，形容被困在瓮城中的敌军；重庆九开门中，通远门是唯一不面水的城门，且最险峻。通远门是古代重庆最重要的军事要塞，城门两侧都建有炮台。随着历史的变迁和城区的扩展，通远门现在位于市区干道上，三条公路在这里交会，通远门城壁顺山势而筑，呈现出典型的具有山城特色的古城墙）

教师播放视频让学生了解在通远门发生了两场战争。通远门自建成以来发生过两场惨烈的战事，在通远门的浮雕上有相关记载：①张珏死守通远门。②张献忠破通远门。

学生展示学习成果并交流。学生通过查阅资料，交流分享，诗歌诵读，从多方面了解通远门的历史。

活动二　留住记忆篇：出游吧，通远门

教师布置出游任务：利用周末时间，和家长一起走访实地——参观通远门城墙遗址公园。通过出游打卡的方式，让学生在游览过程中进一步了解城墙、城门的地理位置、建材和结构，并说出自己的感受和发现。

出游设置三个任务：

任务一，看一看：从远处、近处看城墙、城门的地理位置，以及城墙、城

门高度和结构。

任务二，游一游：完成小脚丫任务卡（见下图），先后打卡通远门－城墙梯－通远楼－金汤坊－鼓楼巷，深入了解城墙、城门及周边地理环境。

任务三，想一想：通过观看城墙、城门的地理位置、结构及历史，深入思考城门为什么建在七星岗，为什么要建成这样的结构。

任务四，拍一拍：让学生从不同角度与城墙合影，留下游览的美好记忆。

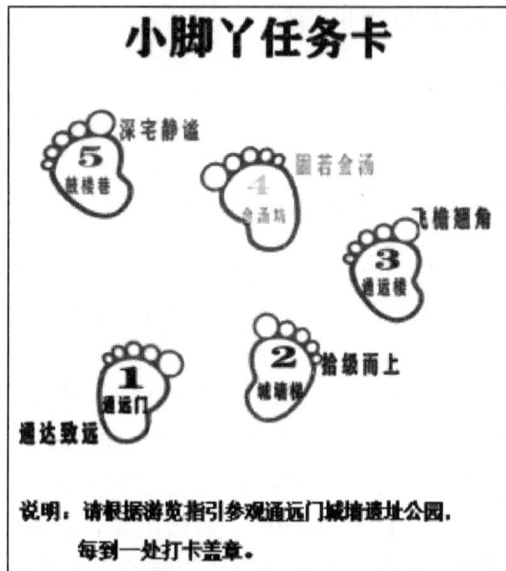

走进城门，学生们了解了城墙的来历以及通远门的故事，探寻了重庆母城文化，激发了对渝中母城的热爱和自豪感。通过在行走中梳理其中优秀传统文化资源，文化传承发挥出育人价值，学生们感知到深厚的本土文化精髓，城市也真正成为了他们的"社会大课堂"。

活动三 乐学实践篇：心中的通远门

经过了解历史、实地游览通远门，学生对通远门有了清晰的认识后，教师设置四项任务：让学生画一画城墙、城门；做一做城墙、城门小模型；写一写观城墙、城门有感；玩一玩传统小游戏——投壶。通过不同形式表达出心中的城墙、城门，不断培养爱国、爱乡、爱校的思想和道德品质。

一是画一画城墙、城门：在美术课上，学生通过绘画的方式，画出心中的城墙、城门。

二是做一做城墙、城门小模型：在科学课上，学生通过动手实践操作，运用建模的思想，动手制作城墙、城门的小模型。

三是写一写观城墙、城门有感：在语文课上，学生写出观看城墙、城门的感受和体会。

四是玩一玩传统小游戏——投壶：在体育活动课上，组织学生开展传统小游戏——投壶，让学生亲身体会投壶游戏，了解古代射礼。

班会评价

评价维度	评价指标	等　级
学生参与	认真参加每一次活动 按活动方案完成分组任务 主动提出自己的想法 尊重和帮助他人、主动交流	
方法应用	在实践过程中学会解决问题的一般方法 能够通过多种途径获取信息、有效处理信息 能够运用已有知识解决实际问题	
体验获得	形成一定的社会责任感和义务感 养成合作、分享、积极进取的良好品质	
能力发展	养成主动探索、自主学习的习惯 形成主动发现问题、独立解决问题的能力 发展实践能力、增强对知识的应用和创新水平	

班会反思

本次班级活动，依托我校课题《基于城墙文化的校本课程开发与实践研究》进行了班本化的实践，通过搜集资料了解历史知识，实践获得体验、习得方法，养成主动探索、自主学习的习惯，形成主动发现问题、独立解决问题的能力，让学生在活动中正确、客观地了解了历史，了解了渝中母城深刻的历史文化内涵，培养了其爱国、爱乡、爱校的思想和道德品质。在以后的活动中还要充分挖掘学生的潜力，调动学生积极性，更大限度地发挥其创造性。

重庆市渝中区解放西路小学　何梦佳

和繁体字交个朋友

背景分析

　　渝中区作为重庆的母城，具有三千多年的历史，积淀了巴渝文化、抗战文化、红岩精神等厚重的人文底蕴，孕育了重庆的根和源。渝中城街道两旁招牌上的文字很多是繁体字。认识繁体字招牌，了解繁体字背后的故事，能帮助学生更好地了解民族文化。做中华文化的传播者，这也是完成"立德树人"根本目标的有效途径。

　　基于以上背景，班级开展了《我和繁体字交个朋友》的班会课程，对学生进行"守住母城记忆，传承巴渝文化"的教育。

班会目标

　　1. 认识街头巷尾招牌上的繁体字，激发对中国汉字的热爱。
　　2. 了解人们使用繁体字的原因。
　　3. 探究传承文化的途径，培养文化自信，培根铸魂。

班会准备

　　教师指导学生在街头巷尾寻找繁体字，了解其背后的故事。

活动过程

　　1. 出示图片，引发兴趣。

　　师：每天上下学，我们都会路过这家店铺，谁能试着读读店名呢？（见下图）

　　有的学生回答的是：渝中"区"男建材木业。有的学生回答的是：渝中"正"男建材木业。

　　师：这个字究竟读什么呢？你们想不想知道答案？

生：想！

（设计意图）从身边熟悉的环境入手，在问题中引发学生探究汉字正确读音的兴趣，追根溯源，探究汉字中繁体字的演变过程，以此作为课程的开篇。

2. 探索缘由，聚焦繁体字。

师：首先我们来看看这是什么书体？

生：是行书。

师：那么行书里面的"正"和"区"又是怎么写的呢？我们可以查阅书法字典，找到"正"在书法中的写法是🖌️，而"区"的写法是🖌️。

师：这两种写法的区别在于半包围中间的点画，是两个点还是三个点。东汉文学家许慎在《说文解字》中描述了两个字的不同构造。区，从品在匚中。而正，从止，一以止。繁体字中"正"依然是"正"，行书为两个点，是"竖"和"横"连在一起的快写。而区的繁体字中间写作"品"，在行书简化中三个口，即省略为三个点画的连带写法。

师：因此这家店正确的名称是？

生：渝中正男建材木业。（学生齐读）

师：汉字演变过程是漫长的。20世纪50年代，汉字进行了大规模的简化，由此便划分出了繁体字和简化字。如今在街头巷尾我们依旧能看到一些老店的招牌还是繁体字书写的。

（设计意图）带着学生一起学会探究方法，例如要了解行书，就要深入到篆隶的本源里，找到说文解字里对"正"和"区"这两个字的解释，同时用查字典的形式，直观地看到同一个字不同书体的图片，这对于这个年级的学生来说更加直观、深刻。

3. 唤起记忆，引发思考。

师：下面我们一起跟随视频，走进这家老店。（见下图）

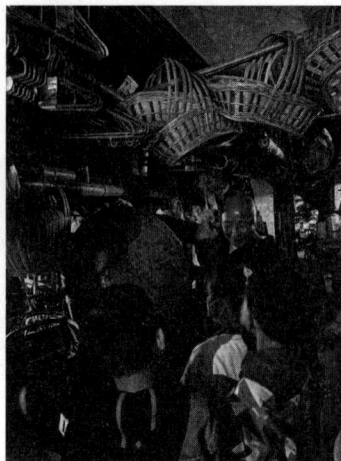

（播放探访视频）这是一家从事竹木制品制作的老店，店里的所有商品都是出自一位九十五岁高龄的老人和他的子孙三代之手。手工制品不如机器制作加工来得快，竹木又不如塑料多姿多彩、造型各异，加上经济的发展、生活水平的提高，让手工制品逐渐远离了我们的生活，如今在渝中区这样的小店越来越少。对于店主老人来说，一天能卖出几件商品，或者挣多少钱，已经不是最重要的，店铺更像是一份寄托、一份希望，只要静静地在那里，就是最踏实的事情。

教师讲到这里，不少孩子已经眼眶湿润。

师：听了这段故事，你们有什么想说的吗？

生1：这家店铺在我每天必经之路上，之前都没有好好停下脚步去看看，今天放学一定要让爸爸妈妈带我去看看，体会老师所讲的内容。

生2：我非常荣幸参与了这次探访，当听到老爷爷的故事时，我特别感动，也想起了我自己的爷爷，我还记得小时候爷爷经常教我写毛笔字。

师：除了这个故事外，课前不少同学也搜集了他们找到的繁体字招牌和背后的故事，谁来分享一下？

生：我分享的是"桐君閣大藥房"，请大家观看我的采访视频。

这位学生亲自拍摄了自己走进药店、访问店员的过程。在清光绪年间，第一家桐君阁药房在重庆渝中诞生，走过百年历史，它仍然保留着中医药的传统制丸技术，一直到现在，历代传承人都坚守"品贵不减物，制繁不减工"的祖训。这位同学说这份仁心匠心就是我们应该学习的巴渝精神、民族精神。

另一位学生分享了"小段理发"的故事。就在离学校不远的地方，有一家不起眼的理发店。通过查字典，该学生发现，在古代"发"这个字有两种写法，分别是髮和發，前者专指头发、毛发；而后者是动词，比如发生，发财，发送等。通过这个探究，该学生发现繁体字也是非常严谨和讲究的，不能随意使用，要结合语境，不然就会闹笑话了。

（设计意图）文字是文化的载体，也是一代代人记忆的载体。繁体字对我们的意义不仅仅是文字的识读，更多的是承载着一些精神。渝中作为重庆的母城，挖掘母城记忆，了解母城文化，感受母城精神，是每一个渝中人的必修课，也是小学阶段德育教育在培根铸魂中的重要一堂课。

4. 培根铸魂，建言献策。

师：如今繁体字和一些传统的老店也面临着巨大的生存挑战，如何保护好繁体字，如何传承母城记忆，请大家思考并提出自己的想法，为保护繁体字建言献策。

生1：我想给百年老店制作一张名片，将繁体字及背后的故事记录在纸上，也希望可以悬挂在店铺门口，让来来往往的客人能够看到，一起宣传母城文化，让这个地方成为重庆竹木制品的打卡点。

生2：我想作为小小讲解员，走到街头巷尾，拍摄小视频，在网站上发布一些探访繁体字的专题内容，来分享这样的故事，让更多的人能看到，感受到母城的历史。

师：你们的想法都非常有趣，有亮点。你们也可以利用周末，在父母的帮助下实践自己的想法，也可以用其他的方式记录自己的探索过程，为保护繁体字、守住母城记忆、传承巴渝文化贡献出我们的力量。

（设计意图）教师的讲解只是学生们学习路上的一扇门，更多的实践还需要学生们自己去开展，掌握探究方法，理解探索目的，用自己的双脚去丈量，用自己的双眼去凝望，用自己的笔头去记忆，用自己的方式去传承。

课后延伸教育活动

学生们学习了繁体字背后的故事，了解了汉字的演变，对母城文化有了浓厚的兴趣，课后教师请学生们继续探究汉字演变的过程，结合书法课，掌握更多专业的知识。

班会反思

教师策划引导，由繁体字引发出去，让学生主动发现问题、自主探究，在解决问题的过程中学习，教师在实践活动中育人。学生们不仅了解了文字，更培养了文化自信。只有深爱本民族优秀文化，才能坚定文化自信，保持中华优秀传统文化生生不息，根深叶茂。

　　本次活动中也充分调动了家校社合作育人的力量，家长、教师和社会人士相互协助，帮助学生完成了一次知识、能力、情感、人格的构建之旅。

重庆市渝中区中华路小学　循古墨香班级　南　燕

麻辣火锅巴渝情

背景分析

　　重庆，简称"渝"和"巴"。巴渝文化是长江上游地区最富有鲜明个性的民族文化之一。巴人一直生活在大山大川之间，大自然的熏陶、险恶的环境，练就了一种顽强、坚韧和剽悍的性格，因此巴人以勇猛、善战著称。重庆火锅的豪放与气吞山河之势正是巴渝饮食文化的最佳体现，包含了重庆人对于历史文化的传承，也是对重庆人自身性格展示、重庆地理特征的凸显、古老巴民族性格和饮食文化心理的表现。

　　2022年夏天，重庆缙云山山火爆发，无数英勇豪迈、热心耿直的巴渝人自愿冲在火灾第一线，众志成城、严防死守，谱写了一曲气壮山河的英雄之歌。

　　基于以上背景，班级以"重庆火锅"这一最有特色的巴渝饮食文化为依托，开展了"麻辣火锅巴渝情"的班本课程，对学生进行了传承巴渝优秀文化的教育。

班会目标

　　1. 通过课堂学习，了解重庆火锅文化，激发对巴渝文化的兴趣。

　　2. 通过调查访问，探寻巴渝饮食文化和重庆人性格之间的关系，在实践中感知"一方水土养育一方人"的深层意义。

　　3. 寻访身边的巴渝英雄，用自己的方式表达对巴渝英雄的敬意，懂得敬仰与学习英雄的精神也是传承巴渝优秀文化的一部分。

班会准备

（一）教师准备

1. 重庆人性格问卷调查表及小组统计单。

2. 母城渝中历史英雄人物。

3. 布置学生活动所需要收集的资料。

4. 视频资料:《缙云山上的英雄壮歌》。

(二) 学生准备

1. 自由组合成立学习小组。

2. 绘制母城渝中英雄图鉴。

3. 收集活动项目相关资料。

4. 准备空白画册及卡片等材料。

■■ 活动过程

活动一: 街拍火锅店　感受文化魅力

学生在课堂上了解巴渝文化,知道巴渝文化的来源和相关历史。重庆简称"渝"和"巴",巴渝文化是长江上游地区最富有鲜明个性的民族文化之一。巴人一直生活在大山大川之间,铸就了重庆男儿的热情似火、坚韧豪迈,女儿的柔情似水、英气勃勃。火锅,在重庆可以称得上是最巴渝的饮食文化,火锅店遍布重庆的大街小巷。教师鼓励学生们去走访身边的火锅店,尝试探寻火锅背后的巴渝文化。

学生利用周末走进重庆的大街小巷,以拍照的方式收集重庆火锅店招牌;到超市查看重庆火锅底料的基本配料;到火锅配菜区记下常见烫火锅的菜品;上网查阅有关重庆火锅文化的相关资料。

通过调查,学生们发现巴文化深厚、凝重,巴人勇武豪放,表现在火锅上的精神气质也是"大江东去"式的。重庆火锅"粗犷豪放",肉食多以块大、片厚著称,白菜用手撕,鳝鱼不洗不切,血淋淋地整条放入锅里煮。火锅店的名字也是气壮山河,如"巴将军""刘一手""不醉无归火锅"等,听来颇有重庆气质。

活动二: 访问重庆人　感受性格魅力

火锅作为重庆城市名片之一,与当代重庆人的性格和整体城市形象紧密相关。课前,教师让学生们访问身边的重庆人,并完成《重庆人性格问卷调查表》。课堂上,学生们从问卷调查表中总结出了重庆人性格豪爽刚烈、粗犷顽强、乐观豁达、刚直重义、坚韧忠勇、吃苦耐劳、热情勤劳的性格。同时,学生们也进一步感受到了独特的饮食文化,舌尖上的麻辣刺激,赤膊上阵的用餐方式,下里巴人的饮食历史,潜移默化中对重庆人的性格产生了印象,了解了重庆人耿直、豪爽的性格特征。

活动三：忆往昔英雄　寻无名榜样

重庆作为巴渝文化的发祥地，是一座历史悠久的城市，也是一座英雄的城市。课堂上，教师设置了两个环节，首先带领学生们对巴渝英雄进行了简单的了解，并提供出七星岗的巴蔓子将军墓、三峡博物馆的秦良玉、邹容路的邹容雕像以及佛图关的杨闇公铜像这几处英雄故事线索。接着，学生们在课堂上尝试分小组手绘渝中半岛英雄图鉴。教师还鼓励学生们根据图鉴去了解英雄人物及其英雄事迹。

课后，学生们和家长一起积极行动，追忆英雄。不仅以拍照或录制小视频的方式打卡相关景点，还了解了相关英雄人物及他们的事迹。

英雄的故事传颂巴渝大地，英雄的气概也延续在每一个巴渝人的血液里。在最后的活动总结中，教师以视频《缙云山上的英雄壮歌》打开学生们的思路，激发他们去寻找身边的英雄并制作英雄卡。学生们结合实际发现了自己身边的无名榜样：有在抗疫一线的医护人员，有舍小家为大家的至亲家人，也有热心的邻居……这些人虽然平凡，但都有一个响亮的名字——英雄！

课后延伸教育活动

1. 活动成果展示，并分小组进行活动总结和反思，谈各自在活动中的收获。

2. 开展"我的巴渝梦"主题讨论，思考自己作为新时代的巴渝人，可以为自己的家乡做些什么，打算怎么做。

班会反思

1. 活动主题的产生立足于兴趣、着眼于生活。

实践活动需要教师有敏锐的洞察力，善于发现学生在生活中的兴趣点，开发出满足学生需要的主题。本次实践活动以学生最熟悉的火锅为切入点，既贴近孩子们的生活实际，又调动了他们探究的积极性。

2. 活动实施凸显教师的有效指导。

实践活动强调学生的主体地位，教师的有效指导可以让学生有如"拨云见日"，受益无穷。五年级的学生，由于在学校已经多次参加过实践活动，因此有了一定的学习基础。在此基础上，教师只要在活动板块中做简单的指导或者搭桥，充分发挥学生的主观能动性，这样才能让学生既有所收获，又大大地提高了活动安排的效率。

3. 活动过程贯穿活动理念和目标。

实践活动最根本的理念就是开放的课程观、生成的教学观。教师作为本次活动的组织者、引导者、参与者，让学生成为活动的主体，放手让他们去实践、去体验、去分享、去交流。

总之，在本次活动中，学生们积极参与，教师大胆放手并适时引导。学生们不仅了解了巴渝文化，更激发了他们自己对这座城市的热爱，也培养了他们的家国情怀。活动更得到了家长的极大支持和充分肯定，一位家长由衷感叹："这次综合性作业感觉分量很重，也很有意义，带娃去一路感受下来，我们也有收获。"

当然，教师还可以再放手一些，比如关于手绘图鉴的指导，完全可以放手让各组学生自己查资料，或许还能呈现出更多的奇思妙想。班主任是个细水长流的工作，如何让学生在活动课程中发挥最大的自主性，让课程育人发挥更大的功效，需要继续探究学习。

重庆市渝中区人和街小学校　荷香班级　罗　璇

传承文化　立夏成长

背景分析

　　一年级的小学生，原本是活泼好动的年纪，但本班学生在日常活动中显得较为胆小与拘束，这不利于他们积极健康成长。因此，笔者以"朝阳中队"为班级名字，根据二十四节气"万物积极向上生长"的特点，挖掘其德育智慧，用节气的生机去感染、激励每一位学生，点燃他们的自信与活力，让他们在节气文化的滋养中积极向上生长。在设计本次微班会时，正值立夏节气，笔者鼓励学生提前准备好彩绘鸡蛋，初步了解立夏习俗和感受立夏生机蓬勃的特点。

班会目标

　　1. 通过彩蛋秀，让学生了解立夏节气，感受民俗文化，激发学生认识二十四节气的兴趣。
　　2. 通过斗蛋、吃蛋，让学生感悟立夏生机勃勃的特点，快乐成长。

班会准备

　　1. 学生提前彩绘两颗鸡蛋。
　　2. 教师准备好多媒体课件。

活动过程

活动一：彩蛋秀，品立夏文化

1. 看立夏视频，感受立夏生机。

　　小学低年级学生的认知发展处于形象思维为主阶段，运用直观教学手段有助于他们的认知学习。让学生观看介绍立夏节气的视频，视频中有石榴花、牵牛花、雏菊、樱桃、枇杷、水稻等植物，让学生感受到立夏正是一个绚丽多彩、焕发生机的节气。

视频播放结束后，教师采访学生：在你的眼里，立夏是什么色彩？（五颜六色、五彩缤纷……）学生再次体会立夏色彩的丰富，感知立夏节气的生机。

2. 介绍彩绘鸡蛋，感悟节气快乐。

绘蛋、斗蛋都是立夏的习俗。课前，学生提前彩绘好各种颜色和图案的鸡蛋。课上将全班分为8个小组，并请小组代表上台分享自己彩绘的鸡蛋，营造轻松愉快的活动氛围，让学生再次感受节气的快乐。

师：课前，我们把这些缤纷的色彩绘制在了鸡蛋上，说说你的彩蛋绘出了什么样的快乐？

小组代表分享快乐：向日葵灿烂无比；小青蛙正在呱呱叫；小朋友开心的笑脸；玉米宝贝托着腮在思考；蓝色星球的奥秘……

3. 再看视频，了解立夏三候。

通过以上学生对彩蛋的介绍，激发学生想了解立夏节气万物生长的兴趣。教师相机引导：立夏带给了我们无限的美好，这个节气要经历三个过程，即三候。教师一边在黑板上板书"立夏三候"，一边播放介绍立夏三候的视频，带领学生用不同的感官去感受立夏的变化。

师：在立夏开始的5天里用耳朵能听到什么声音？在5天之后用眼睛能看到什么？在最后的5天里用嘴巴能尝到什么味道？

生1：听到了知了的叫声。

生2：看到了蚯蚓从土地里钻出来，

生3：尝到了王瓜的香甜。

师：古人就把这样的15天称为"立夏三候"。（PPT相机出示图片和文字）

随后，为了深入对立夏三候的认识，教师还采用了三种方法：第一，在PPT上展示相关图片，帮助学生记住立夏三候的名字；第二，全班一起朗读立夏三候的名称，加深对立夏的理解；第三，介绍一个词语——"生机勃勃"，并相机板书，引导学生明白立夏意味着万物从此生机勃勃，走向繁茂，切实感受到立夏节气的深层文化内涵。

活动二：斗蛋游戏，传立夏习俗

游戏是低年级儿童最喜爱的活动。让同桌学生两人拿出鸡蛋碰一碰、斗一斗，更好地体验立夏习俗，感受民间百姓的迎夏活动，培养他们对节气文化的兴趣。

师：立夏是自古以来备受人们重视的节气，那时人们除了会举行盛大的迎夏仪式，穿上五颜六色的盛装，还有许多迎夏的活动，比如立夏尝新、立夏称人、吃乌米饭，以及小朋友们最喜欢的立夏斗蛋等。

教师首先介绍斗蛋游戏的规则：在斗蛋游戏中，参与者需要将自己手中的蛋头对蛋头、蛋尾对蛋尾，遵守斗蛋的规则。然后选出斗蛋获胜者，成为"蛋王"，大家一起为其拍手庆祝。

接着，学生开始有趣的斗蛋活动，同桌两人拿出鸡蛋，在1分钟之内选出了"蛋王"，教室里欢声一片。

活动三：吃蛋壮力，立夏促成长

抓住学生"鸡蛋碎了想要吃掉"这一心理，此教学环节通过探讨吃蛋的意义展示班级成长的视频，让学生认识到立夏时节万物蓬勃生长的生命力，并引导学生讲述自己对未来的期望，感受班集体的力量和美好，形成积极向上的人生态度和价值观。

1. 探讨吃蛋的意义。

师：开心立夏，别忘了补充营养。俗话说，立夏吃一蛋，力气长一万。小朋友，你猜猜，古人为什么要吃蛋？

生1：因为要补充蛋白质。

生2：因为鸡蛋代表生活的圆满。

师：古人立夏吃蛋，不仅是为了补充营养，也是在祈求生活圆满。

2. 展示班级成长的视频。

教师播放班级成长视频，学生仔细观看，明白万物蓬勃生长之际，每一个人也在努力成长。

师：在美好的岁月里，我们正在成长，听，这是我们成长的声音——（播放班级视频）你听到了哪些声音？

生1：我听到了同学们跳绳的声音。

生2：我听到了同学们读书的声音。

生3：我还听到了同学们做广播操的声音。

…………

3. 学生讲述对未来的期望。

学生畅谈个人的成长愿望，逐渐明白立夏带来的不仅仅是身体的成长，还有心灵的成长。

师：立夏之际，沐浴在阳光之下，你准备做什么？老师想帮助你们每个小朋友快乐成长，你呢？

生1：想吃西瓜，快快成长。

生2：我想把妈妈做清洁，长一颗孝顺的心。

生3：我想学游泳，长一颗勇敢的心。

…………

师：老师听出了你们对同学、对家人的那份爱，这就是你们的成长。

活动四：童声朗朗，诵立夏之美

为了增强学生对美丽节气和中国传统文化的喜爱，此环节融合语文学科的教学，引导学生朗读古诗《小池》和《池上》，激发学生的学习兴趣和情感参与。在诵读古诗之前，教师简要介绍这两首诗的背景和意境，以帮助学生更准确地理解诗歌的意象和情感。

师：今天学了这一课，你一定也爱这美丽的节气，爱中国传统的文化。最后，就让我们一起来歌颂这美好的立夏，迎接夏日的到来吧。

学生分男女两个大组诵读古诗《小池》和《池上》。

师：祝愿孩子们传承立夏文化，健康快乐地成长！

▣ 课后延伸教育活动

1. 继续和伙伴、家人一起绘蛋、斗蛋，积累、吟诵更多立夏的诗歌，感受节气习俗，传承节气文化。

2. 开展"节气伴我行"的主题讨论，思考在每一个节气到来的时候，自己可以做些什么能够帮助自己和他人成长。

▣ 班会反思

1. 立足班情，注入节气活力。

活泼好动原本是孩子的天性，而本班学生性格腼腆胆小。为重新点燃学生的生机与活力，笔者以二十四节气为主线，用节气的生机与希望去滋养学生的生命，释放孩子们原本活泼可爱的天性。此班会课正值立夏，该节气的特点是万物进入蓬勃生长的时期，到处都呈现一片生机勃勃的景象，正是德育的好时机。

2. 学生为本，注重趣味互动。

根据一年级儿童活泼好动的身心特点，笔者设计了斗蛋环节，让每位学生都参与其中，感受立夏习俗带来的欢乐。无论输赢，在这个欢乐的节气氛围中，都可以让学生走近民俗，了解传统文化。设计这个游戏环节，还可以让学生在繁忙的生活节奏中静下心体会节气带来的快乐，了解气节习俗，激发学生对节气文化的热爱。

3. 链接生活，关注个性成长。

让学生的课内外生活丰富多样。通过在课前提前彩绘鸡蛋，课堂上玩斗蛋游戏，激发学生的学习兴趣。本次班会课上，学生们畅谈了自己在立夏之后的期待是长一颗爱心和慧心。对于每位学生来说，明白健康、快乐成长或许就是他们最大的收获。

重庆市渝中区中华路小学校 朝阳中队 王 倩

半支铅笔的穿越

背景分析

　　教育部颁发的《中小学德育工作指南》将理想信念教育作为中小学德育内容的首要任务，作为班主任，必须将这一德育任务贯彻落实在育人中。我班的学生对理想信念的理解多停留在"长大当什么"的认知上，而对"继承革命传统、传承红色基因"一般仅停留在口号上，绝大多数学生对今天学习的意义、成长的意义认识还不到位。为了把理想信念的启蒙教育落细、落小、落实，笔者针对小学五年级学生的实际现状和认知特点，贴近学生的实际与生活，利用重庆"红岩革命传统文化"资源——"小萝卜头的故事"，从学生最熟悉的学习用品"铅笔"入手，组织学生们开展了"半支铅笔的穿越"这一主题班会。

　　"半支铅笔"是红岩革命烈士宋振中（小萝卜头）在狱中唯一的学习用品，我们将"半支铅笔"拟人化，通过与学生交流、对话的方式，让学生了解幸福生活的来之不易，了解学习的价值意义，从小萝卜头"努力学习为了建设新中国"的理想出发，引导学生树立为中华民族复兴而努力学习的志向，将理想信念在真实的体验中建立、在真切的对比中建立、在真实的生活中建立，真正去践行"继承革命传统，传承红色基因"。

班会目标

　　1. 通过了解小萝卜头半支铅笔的故事，初步明确今天的学习是为了明天建设现代化强国的目的和意义。

　　2. 增强爱党爱国的情感，培育珍惜今天幸福生活的情感。

　　3. 引导学生以革命先辈为榜样，树立学习理想，学会珍惜，学会传承。

班会准备

　　1. 教师准备：制作"铅笔穿越"的视频；筛选"小萝卜头"故事的资料和影视资源；下载歌曲《唱给小萝卜头的歌》；准备"行动卡片"；做好班会课PPT。

2. 学生准备：班长邀请参与本次班会活动的主持；班级小组人员提前合理分配；并请老师一起商议活动过程，一起设计好活动环节。

活动过程

引入活动：半支铅笔来了。

在主持人的引导下，学生观看半支铅笔"穿越"而来的视频，创设情境，引入活动。

活动一：听半支铅笔的故事

1. 猜一猜——这是谁的笔。

学生观看铅笔"穿越"的视频后，教师抛出话题让其大胆猜测："这是谁的铅笔？"根据铅笔破损的外表，有的猜测"可能是地震废墟中那个学生的铅笔"，有的猜测"可能是战争中某个孩子的铅笔"……主持人温情讲述："这半支铅笔穿越了半个多世纪，从重庆美丽的歌乐山脚下走来。它的主人是一个可爱的孩子，与我们年龄差不多大（PPT出现小萝卜头的照片），大家知道他是谁吗？"主人公——小萝卜头便在情境和情感的双重铺垫下进入了课堂。

2. 看一看——小萝卜头在狱中的故事。

首先，学生借助影视资料看到了小萝卜头在狱中学习的故事，大家从故事中知道了小萝卜头爱学习，他开始学习的时候没有笔就用树枝和烧焦的棉花学写字。学生明确感受到小萝卜头在那样艰苦的环境下还认真学习，很不容易。

接着，学生通过观看视频了解到狱中环境恶劣，在这样恶劣的环境中，小萝卜头还是非常认真地学习，得到的"奖品"——半支铅笔就是他的宝贝，以此让学生们更加体会到小萝卜头的精神。

最后，视频定格在小萝卜头生命的结束，学生们看到小萝卜头牺牲时还紧握着这半支铅笔，情感进一步得到深华。

教师组织学生讨论，让其体会小萝卜头在狱中热爱学习、坚持学习的精神。

活动二：话半支铅笔的意义

1. 说一说——内心的感受。

在活动一认知、情感的双重铺垫下，直击学生内心，让学生敞开心扉交流——此时此刻，你想说点什么？

预设：

学生1：我觉得小萝卜头很了不起，特别崇敬他！

学生2：小萝卜头太可怜了，如此渴望学习，却没见过真正的学校。

学生3：他如此爱学习，到牺牲时才只拥有过半截铅笔，我想把铅笔送给他。

2. 想一想——小萝卜头为什么爱学习。

通过交流将情感往前推进，让遥远的故事和小英雄形象更加清晰、丰满，再以问题引发思考——宋振中哥哥为什么那么爱学习呢？

预设：

学生1：我想他学习是因为想通过知识了解更大的世界。

学生2：我想他学知识是为了让自己更聪明。

学生3：我觉得他想学好了知识，给大家送情报。

3. 听一听——半支铅笔的独白。

把半支铅笔拟人化，播放它的独白，用这样新颖的形式使学生产生共鸣。通过其对小萝卜头认真学习的解读，理解他为国努力学习的愿望。

师：他为什么这么爱学习，请半支铅笔来告诉我们吧！（半支铅笔的动画旁白："孩子们，我是宋振中哥哥的宝物，他把我保护得特别好，不用的时候总是揣在怀里。记得他说，哪怕他在监狱里都要好好学习，只有学好了本领才能建设新中国。"）

师：同学们，宋振中哥哥在狱中认真学习是为了什么？

预设：

学生：为了建设新中国。

活动三：用半支铅笔来激励

1. 比一比——我和小萝卜头的学习用具。

教师将教学焦点拉近到现实，在前期铺垫的基础上，让学生对比自己的文具和小萝卜头的那半支铅笔，体会到自己的幸福生活来之不易，要懂得珍惜，要继承先辈的遗志，传承红色基因。

师：同学们，我提议，打开文具盒看看我们的学习用具，再看看这半支铅笔，你想到了什么？请各小组交流。

预设：

小组1：我们觉得在新中国成立前，人们的生活环境非常恶劣，不要说拥有很好的学习机会，甚至随时都可能失去生命。现在的我们想要什么有什么，真的太幸福了，我们要珍惜。

小组2：小萝卜头拿着唯一的文具——那半支铅笔，在那么可怕的环境中都努力学习。看看我们自己的文具，不仅应有尽有，还都是质量很好的品牌，在这么好的环境下我们有什么理由不去努力学习？

小组 3：正是一辈辈的努力，我们的祖国才越来越好！新冠疫情下尽显大国担当；奥运会精彩亮相展现体育强国风采；嫦娥五号带回月球土壤，让我们看到航天科技的突破……

师：大家说得真好！请看视频《祖国发展》，我们的祖国正昂首阔步走向明天，明天的建设者就是你们，只有现在努力学习，未来才能把祖国建设得更加繁荣富强。当年宋振中哥哥在狱中用半支铅笔认真学习，是为了建设新中国。今天，我们在美丽的校园里学习，是为了建设社会主义现代化强国。

2. 写一写——自己的心里话。

与半支铅笔对话，学生从知到情到意再到行，通过内心的积淀，在情感的高点把心里话和自己的收获写在卡片上，告诉小萝卜头，同时激励自己，用实际行动努力学习。

师：同学们，今天我们与半支铅笔对话，让我们收获了很多，请把你的心里话写在卡片上，告诉小萝卜头。

预设：

生 1：小萝卜头，谢谢你！是你让我知道了生命的意义。我会把你记在心底！不忘历史，奋勇前行。

生 2：敬爱的先烈们，谢谢你！是你们给了我们幸福的生活，我们会把你们的未完成的事业进行到底。

生 3：亲爱的祖国，谢谢你！是你给予我幸福成长的天地，我们会刻苦学习，练好本领。用自己的行动守护您！

生 4：半支铅笔，谢谢你！是你让我知道了很多道理，我会好好学习，把祖国建设得更加美丽！

3. 唱一唱——《唱给小萝卜头的歌》。

用歌曲承载情感，让学生们内心的触动激荡，让内心的感动绵延。在歌声中结束课程，开启新的学习历程。

课后延伸教育活动

1. 策划社会实践"红岩少年说"。（利用重庆本地的教育资源，带学生亲临渣滓洞，在社会实践中感受革命先烈的献身精神，深化小萝卜头的光辉形象，体会到今天幸福生活的来之不易，明白自己要努力学习的意义）

2. 举行"我心中的革命英雄"故事会。（利用班会让学生分小组讲述革命英雄的故事，树立榜样，更加深切地感受到今天幸福生活的来之不易，引导学生以革命先辈为榜样，体会到自己有责任为国家的富强而努力学习）

3. 推进"经典影片我推荐"的活动。(利用周末发现自己喜欢的优秀革命影片,以影评的方式推荐,全班交流优秀影评,增强爱党爱国的情感,深化对革命前辈的情感,更加激发个人责任感和使命感)

4. 开展"爱学习好少年"的周周评比活动(关照现在、关照自己。对学习生活中有积极表现、突出进步的学生予以表彰,互相激励。让每位学生都把努力学习、建设祖国的责任落到实际的行动上)

班会反思

1. 真问题、真解决。

班会课是班主任围绕设定的主题对学生进行教育的一种重要形式,也是学生进行自我教育的一种手段。它对健全的班集体和正确的班级舆论导向的形成,对集体荣誉感和责任感的养成,对学生创造性思维和独立工作能力的培养都是不可或缺的。班会活动是班主任开展班级工作的有力阵地,是不容忽视的。

上好一节班会课,第一个要解决的问题就是找到本班级的真正问题,只有找到了问题才有由此引发的主题。切记人云亦云,不能为了"班会课"而随意设计一个"问题",相反,只有抓到属于自己班上的"真问题"这一灵魂,才能真正实现本班学生的自我教育,才能真正用好班会课的这一重要阵地。

我班学生与大多数小学生一样,对理想信念的理解多停留在"长大当什么"的认知上,而对"继承革命传统、传承红色基因"的认知仅停留在口号上,绝大多数学生对今天学习的意义认识还不到位。有了这个"问题"之后,从学情出发,从学生能够接受的角度出发,使他们入心入情、真正去转变,而非直接指令式的安排,才能真正去解决问题。

2. 小切口、大情怀。

小学生的认知发展水平有限,从个体的身心发展规律来看,难以对重大问题有全面的理性把握。然而,他们又正处在世界观、人生观、价值观形成的关键阶段,大是大非、家国情怀又是必须建立的。

于是,教师就要巧妙设计,不能宣讲、说教,不能一味"求大",要从贴近学生身边的小事入手,"以小见大"。如利用重庆"红岩革命传统文化"资源——"小萝卜头的故事",就是从学生最熟悉的学习用品"铅笔"入手,利用影视资料使远离他们的历史真实再现,使他们的情感自然流露,从而让理想信念从他们内心迸发出来。

3. 持续性、系列性。

班会内容必须有一定的持续性,因为教育是影响人的过程,也是一个比较长久的转化过程。德育工作要内化学生的心灵，光靠一节课是远远不够的，而是要从不同侧面实施教育，以达到良好的效果。

以延伸教育活动推进的系列性班会，围绕着大方向——"继承革命传统，传承红色基因"做理想信念教育，共同解决大问题——让学生真切明白为什么要好好学习。在真切的对比中，在真实背景的触动下，逐步让学生清晰树立起"为中华民族复兴而努力学习"的目标。

重庆市渝中区中华路小学　黄素颖

第三章 | 育人故事

教育因故事而发光

诺尔·高夫说："教师和学生既是说故事的人，也是每个故事的主角……故事也许是通向某些真实的唯一途径。"故事就是人的经验在真实世界中留下的印记，是人存在的见证，也是人感知世界、与外界相互作用的结果。显然，探讨教育中的这种"真实"是教育研究的重要使命，我们运用很多方法和手段力图去获得这些真实。

对于教师而言，发生在学校生活中的课程与教学故事是外部世界给予教师的宝贵馈赠。无疑，小故事里面蕴含着大道理，它们是我们了解教师心路历程的一扇窗户。所谓"育人故事"就是教师讲述自己的课程或教学故事，在讲故事中体现教师个人对教育教学事件的理解，诠释教师对教育意义的体悟。

1. 助推教师反思，提升专业素养。

古人云"学而不思则罔，思而不学则殆"，强调了学与思的重要性。教育作为一种教学的行为，及时反思方能将经验进行沉淀，反过来促进良好教学行为的发生。在班级管理中，教师往往会遇到许多突发事件，许多班主任忙于"救火"，疲于应付，其原因就在于缺乏思考和反思总结，未能积累起解决同类事件的经验。

对于教师本人而言，撰写育人故事是教师专业发展的重要途径；对于学校教育的实践而言，它是引发变革的重要动力；对于教育研究而言，它是一种真正的原创"草根式"的写作和主体性的张扬。班主任将育人过程梳理成文字，展示自己独特的教育智慧和教学方式，实现教师间的相互帮助、相互启迪、共同提高。通过"讲故事"，班主任就有机会反思自己的所做所想，就有机会发现问题、探索未知，就有机会突破常规、寻求超越和创新。

2. 优化带班方略，实现教学相长。

育人故事是班主任带班方略的叙事表达，体现着班主任面向学生个体或集体，在不同情境下的育人智慧。班主任在推行"一班一品"的建设中，通过一件件育人故事，对自我的育人过程和方法策略深入反思，对于教育问题做到敏感与觉察。

教育故事具有完善道德人格的德育价值，同时具有激发精神动力的德育价值。所谓激发精神动力，就是运用多种手段充分调动人的积极性、创造性，从而实现个体价值。一个个鲜活的育人故事，是班主任走进学生个体的真实再现：教师给予学生充分的关爱，展现育人智慧；学生在受教育过程中由被动变为主动，遇到问题能及时跟教师沟通交流，寻求教师的帮助和指导。学生信任教师、亲近教师，师生共生共长，进而营造有爱、融洽的班级氛围。

作为班主任而言，通过讲述育人故事，其可以聚焦在教育实践中发生的真实案例，探讨在班级管理中的心得、青春期教育、学生转化的故事、师生情谊、家校联系的方法，并在讲述故事的过程中，不断地审视自己的育人方略，回头看、回头想，自觉地修订、完善自己的育人方略，选择更适合、更有效的行动方案，从而达到提高育人效果的目的。

3. 凝聚育人资源，塑造班级品牌。

作为班级组织者与管理者的班主任，其核心职责是班级管理与育人。每个班级的人员构成、学生水平等方面的具体情况各有不同，这就需要班主任关注每一名学生的成长，潜下心来仔细研究班情，根据班级实际采取行之有效的班级管理策略，建立自己的班级品牌，让班级成为每一个学生成长、成才的乐园。

通过育人故事的撰写形成思路，教师就可以从个体事件中提炼规律，抓取大概念，进而在班级管理中渗透育人思想，充分发现班级每一个孩子的特点，充分发挥每一个孩子的优势，积极为班级建设出谋划策，尽心尽力完成每一项工作任务，提高班级工作的效率，为打造优秀班集体、树立班级品牌奠定良好的基础。

4. 好的班级故事，就是一部"活的教育学"。

本章节呈现的是一线班主任在班级管理中以小见大、以点带面，从班级管理、师生沟通、情感关注、价值观教育等多维度视角撰写的育人故事，生动而丰富。以"静待花开、慧爱教育"为育人理念，班主任因材施教，面向每一个鲜活的个体；以"劳动教育、情绪管理"为管理抓手，善用育人的多维度视角，形成以"种花"代替"除草"的育人思路；以"创设岗位星、巧用五子棋、我手绘我心"为策略方法，班主任抓住班级管理当中学生喜欢、适合班级的方法，用小切口撬动班级管理成效的整体提升；以"树立'新'目标、小先生制、班级小主播"为创新路径，班主任创新班级活动，激发学生兴趣和参与度，共建班级文化和品牌。

一线教师通过撰写与班级品牌建设相关的育人故事，不断地进行思考与总结并践行班主任工作，体现了班主任面向学生个体或集体、在不同情境下的育人智慧，可谓：好的班级故事就是一部"活的教育学"。

你好，先生！

【导语】陶行知先生曾说："生是生活，先过那一种生活的便是那一种生活的先生，后过那一种生活的便是那一种生活的后生。"无论先后，都应是以知识、能力、修为的情况为标准，知者为师、能者为师、身正为范。教师应是学生学习的合作者，学生是学习的主人。教师还应是学生潜能的激发者，应该让更多的学生走上讲台，成为"小先生"。而学生在"即知即传"的过程中，也会将遇到的问题转换成生长点，从而培养思维的敏捷性，激发再学习的动力，形成学习的良性循环。

尴尬——何为先生？

"师者，所以传道、授业、解惑也。"人们常说："要给学生一杯水，教师必须有一桶水。"作为一名教师，应当为学生讲授知识，解答困惑，讲明道理。为了在课堂上做到游刃有余，我总会在课前做好充分准备，可即使这样，仍会有百密一疏的时候。

记得那是新学期伊始，学校遵循疫情防控要求检验学生的健康两码。本来是一件习以为常的工作，没料到却让我陷入了尴尬的境地。那天亦如往常，学生们都在有序排队等待查验二维码，我一边检查信息，一边做姓名登记。"老师，为什么行程码能准确地知道我们去过哪里呢？"我抬头一看，是平时很喜欢提问的纾恒。这可难不倒我："我们带在身上的手机，可以时刻定位我们的位置，再通过数据转换，就有了行程码。"我接过他的行程码，准备核验下一个。没想到，他还立在原地，一双渴求的目光盯着我："老师，那手机里的信息是怎么来的？"我正想回答，后面的萱萱抢着说："你没听过 GPS 定位系统吗？就是通过这个记录的。""可是在天上的人造卫星是怎样时刻记录信息的呢？齐老师，你知道吗？"我看着他满脸疑问，心里也有点慌张，四处一望，一双双小眼睛聚焦到我的身上，此时，我是如此的尴尬，顿时感到高高在上的师者颜面将难以保持，因为我除了能把了解到的知识略说一二以外，关于"GPS 定位"的工作原理并不清楚。为了缓解尴尬的境地，我故作镇定，笑着补充一句："老师一会儿再告诉你，我先把同学的两码收齐。"

那一天，我一直都在回想着当时的窘境。虽然在心里给自己"人非生而知之者，孰能无惑"的安慰，但是仍然深深自责，深深地为自己的"那桶水"储备不足而惭愧。于是，我迫不及待地打开电脑，点击、浏览不同的网站，比较、分析各种信息，在图书馆翻找相关书籍加以求证，向科学老师请教最前沿的通信科技……继而我也陷入了沉思：何为先生？首先应是一名专业知识的传授者、一名行为准则的引领者。其次有不足，就要去学习。要做一位"术业有专攻"的先生，拥有时代气息、不断更新的"一塘清水""一塘活水"。

惊喜——达者为先

第二天一早，我信心满满地走进教室，准备在孩子们面前把自己学习到的"手机定位"知识传授给他们。正在我打开一体机拷贝资料时，萱萱急忙跑了过来，一边举着她的 U 盘，一边大声喊着："齐老师，我想给大家讲讲 GPS 定位系统的知识，纾恒不是在问吗？"没想到，想当一位专业的"先生"的可不止我一个。我惊讶地望着她那双清澈的眸子，仿佛看见了她昨晚忙碌的身影，感受到了她小小的身体里聚集的能量。这份震撼，让我不假思索地让出讲台，端坐在课桌旁。在这短短的八分钟里，萱萱从卫星制造、运行轨道到地面控制技术，细致又全面、大方又自信地讲给班上的同学听。"达者为先"这四个字从我的脑子里瞬间蹦出，她就是班上的一位"小先生"。我想，这就是陶行知先生认为的："小孩子有不可思议的力量，小孩子能做先生"。

这份惊喜也让我认识到，我应是学生学习的合作者，学生是学习的主人，我是学生潜能的激发者，我应该让更多的学生走上讲台，成为"小先生"。于是，在班级"防疫小当家"系列活动中，鼓励学生从健康饮食讲到个人卫生，由运动锻炼说到居家生活新样态，人人都是小主播，防疫攻略全掌握；北京冬奥会期间，我又结合学科学习，开展"童眼看奥运"的综合性学习活动，涌现出了"乔比小百科""炜辰说奥运""姗姗说运动""奥运中的数学"等专题栏目。这一系列的活动，满足了学生人人都想成为"小先生"的愿望，解放出了学生们的创造力，激发出他们自主自立的精神，为他们的心智成长提供了机会。

"三人行，必有我师焉。"在孔子看来，学问并非专属所谓长者，无论什么人，无论年龄大小，人人都可能成为老师。正如陶行知先生眼中见到的那样，小孩既是学习的主人，也是教育的主人，既可以做学生，也可以做"即知即传的小先生"。

欣慰——青出于蓝

有了在学校里当"先生"的经验，学生们敢于走出校门、走进家庭做"小先生"。学期开始，班级里开展了亲子学习活动——寻找"二十四节气"中的传统文化。活动布置后，学生们各展所长，有的用绘画展示"二十四节气"之美、有的用手工创作再现万物生长、还有的用诗歌吟诵传统习俗……以不同的方式诠释着对传统文化的理解。同时，他们也在用自己习得的知识传递给同伴、老师、家长。钉钉"班级圈"里，看到家长们的几条"晒圈"分享："'立夏有三候'，我要向他学一学！""在单位，我培训别人；在家里，他指导我。""第一次手笨，完全不知道超级黏土怎么摆弄，幸好有这个'老师'来帮我"……在惊叹学生们的创造力的同时，更欣慰于他们已成了家长的"小先生"，这也在无形中构建了一种和谐、向上的家校协同氛围。"小先生"的影响力在不断扩大，我似乎看见了"青出于蓝，而胜于蓝"的美好愿景。

实践说明，小孩不仅可以教小孩，小孩还可以教大人。他们用自己已过的生活，肯去教导前辈去过同样的生活，就是一名名副其实的"小先生"了。

幸福——教学相长

班级里有了这样一群积极主动的"小先生"，我开始重新定位自己和"小先生"的关系，让我慢慢地深化了教学相长的内涵。

六一儿童节，由学生与低年级小伙伴进行"你好，小先生"结对仪式，由学生策划、组织并带领低年级的伙伴们开展"沉浸式"体验活动。活动一宣布，班上的孩子们就表现出了浓厚的兴趣。他们自行设计了"科学冰激凌""插花艺术""奇妙的声音"三个主题活动，小组分工合作、提前彩排宣讲，准备在活动当天大展身手。当他们来到结对班级宣讲的时候，本以为大获全胜的"奇妙的声音"却意外落选，一年级的结对小伙伴一致选择了"科学冰激凌"的活动。他们有些疑惑不解，明明有趣的声音实验怎么就不受欢迎呢？于是，他们对结对小伙伴进行了走访调查，原来冰激凌是他们的最爱。明确结对小伙伴的选择后，学生们再次召开了小组会议，确定了任务分工，执行组继续完善活动方案，后勤组准备活动用品及场地布置，带队组再次走进结对班级调整体验路线，一切都在井然有序地进行着。通过这次活动，他们知道了凡事有预想固然重要，但更应该"因人制宜"，提前做好调查研究。

学生在"即知即传"的过程中，往往会遇到许多意想不到的问题，然而这些问题也恰恰是他们的生长点，从而培养了他们思维的敏捷性，激发了再学习的动机，形成学习的良性循环。这也让我重新理解了"教学相长"这一规律，它不仅是学生与老师，还是"小先生"既学且教的过程，是我们师生"交互主体"关系的体现，又何尝不是我的教育思想理念的革新呢？

悟道——爱与榜样

"教育之道无他，唯爱与榜样而已。"我想，这是对一开始"何为先生"的问题的最好回答。

爱与榜样并行，是对教育最好的诠释，只有理解并实践了这个道理，师生的"交互主体"，才真正被赋予了灵魂，继而才能形成这样的逻辑关系：教师爱自己、爱他人、爱学习，成为榜样；学生学习榜样，去学会爱他人、学会爱自己、学会爱创新，活出自己喜欢的样子，并成为别人的榜样。

教师在教学过程中，随时以爱去关注对方。首先懂得爱自己，让孩子感受到生命的美好与短暂，学会珍惜。其次要爱他人，心存他爱的人才能有更广阔的胸襟，才能更好地感受生活中美的存在。

我希望，以自己重新定位的"先生"角色，开启孩子们幸福的学习型人生；我相信，通过唤醒梦想的种子，守护他们不断丰满的羽翼；我祝福，他们以"先生"之行动，去点亮美好的童年。你好，先生！

教师成长感言

如果说有一种力量可以催人奋进，那一定是团队带给我蓬勃生长的勇气。自加入莫老师的工作室以来，由道德与法治赛课到工作室展示活动，从重庆市首届思政课基本功比赛到工作室学习交流，无不感受到了团队给予的无限支持与协作、共进。我想，这就是团队的力量，它带给我成长，给予我期望。我要在工作室这个大家庭，积极向上，当"燃"不让！

重庆市渝中区中华路小学校 "小先生"中队 齐 瑞

成长，恰似一场花开

【导语】成长，恰似一场花开，我们要把孩子当作如花般鲜活的存在，关注、走进、了解他们的情绪，并交给孩子正确应对情绪的方法，让每个孩子笑靥如花。

眼　泪

熟悉的课管、熟悉的面孔，那"沙沙"的落笔声是我此刻最享受的音符。突然，那原本凝固的时空似乎掺杂着若有若无的抽泣声，凝神搜索，发现声音来自那个角落……我轻轻地走过去，拍了拍瑶瑶的肩膀，把她带到空旷的走廊……

我用发自心底的温柔询问："宝贝，你怎么了？"

此刻的她一个字也不说，那忽闪忽闪的大眼睛直勾勾地盯着我，眼泪止不住地往下流。我不知如何是好，只能紧紧地抱着她，虽然她的哭声更加肆无忌惮起来，但我也感到了她前所未有的心情释放。

瑶瑶怎么了？平时那么阳光的孩子！看来她的背后有难以言说的委屈。我揪心的同时，也不由得想到了班上每一个孩子，这一滴眼泪让我看到了无数滴眼泪，我顿时悟到：关注每个孩子的情绪、接纳每个孩子的情绪，是我的责任。

我决定在班上设置一个"心情信箱"，让大家把不想说的难过和忧伤，或是其他不愿言说的情绪写在卡片上，放入其中，并告诉他们老师会为大家保密，更会用尽全力帮助大家。

我想让每一个孩子知道，他被老师关注着，被在意着，被信任着。他们可以敞开心扉倾诉自己的情绪。这小小的信箱，让这种被理解的安全感在我和孩子们之间慢慢建立。

心情卡片越来越多，我细数着孩子的烦恼，努力化解，用心引导，渐渐地，我成了他们温暖的港湾。

有一张卡片这样写道："亲爱的黄老师，谢谢您，让爸爸不再逼我学网球。我太喜欢乒乓球了，现在常常在练球时会想到您，您就是我温暖的天使！"

拳 头

"请大家开始小组活动。"

一声尖叫打破了固有的和谐，随之而来是一阵委屈的哭泣。

"怎么了？"

"瑶瑶打了我一拳……"

极为不解的我把严厉的目光投向瑶瑶。我带这孩子两年了，她就没对谁红过脸，这到底是怎么了？

"瑶瑶，动手打人就是你不对，先道歉……"站在门口的瑶瑶神色有点激动，却一句话也不说，我被怔住了！我按捺住气愤看着瑶瑶，长舒一口气，心里告诉自己：她毕竟是孩子，错误在所难免。

瑶瑶最近像变了个人，看来问题有点棘手。为了弄清瑶瑶的情况，我拨通了她妈妈的电话，期待从家长那里寻求解决的办法。"黄老师，实在不好意思！都怪我，今天一早二妹吐奶，我急着帮她换衣服，就没来得及为她准备好三明治，她一口都没吃就走了，自从有了二妹……"

通过和家长的沟通，我发现了问题的症结。原来瑶瑶是带着对二妹和妈妈的不满情绪，在小组活动中与同学产生矛盾，一时冲动才给了对方一记拳头。要打开瑶瑶的心结，已不是我以往采取的关注和拥抱能解决的，只有让她学会化解不良情绪才能做快乐的自己。

于是，为了瑶瑶，更为所有的孩子，我组织了一次主题班会"寻找快乐"。我首先交给孩子一些处理不良情绪的方法，让学生再讨论该如何做情绪的主人。

课后我为每个孩子布置了一份特殊的作业：一直没能接纳二妹的瑶瑶，她的作业是——寻找二妹带来的快乐；最讨厌跳绳的涛涛，他的作业是——寻找跳绳带来的快乐；害怕上游泳课的朵朵，她的作业是——寻找游泳带来的快乐；看到蔬菜就痛苦的丁丁，他的作业是——寻找蔬菜带来的快乐……孩子们惊叹于我的"神通广大"，殊不知这些小秘密都是我从"心情信箱"得来的。

除此之外，我向心理咨询专家请教、查阅资料……努力学习帮助孩子处理不良情绪的方法。我了解到，除了和谐师生关系、家校共育之外，还需要引导学生按照自身的性格特点、生活习惯、兴趣爱好找到适合自己的情绪宣泄方式，正确处理负面情绪，在遇到不愉快的事情时，能换个角度去思考，能运用自己独特的情绪排解方法释放情绪压力。比如听音乐、阅读、睡觉、与伙伴或者家长沟通……都是不错的情绪纾解方式。我还邀请专业的心理专家到班级开展专题讲座，教给学生更加专业的情绪处理方式以及看待问题的方式与态度。

微 笑

又到了我打开"心情信箱"的日子，我发现卡片的信息最近有了些变化，孩子们的情绪丰富了起来，除了最初的全是难过、伤心，现在还有一些快乐的分享。

带着这份快乐，我开心地批改着学生们的习作，突然发现瑶瑶的文章让我兴奋不已！她是这样写的："我有了妹妹，我不但不高兴，还整天闷闷不乐……二妹哭起来，吵得我们全家睡不好，害得我考试也无精打采……我瞪她一眼，她却呆呆地望着我，还对我笑，使我对她产生了一丝好感，不过心里还是叨念着，你个臭老二！上周六，妈妈累坏了，睡着了，这时臭老二张大嘴哭了起来，我想让妈妈休息，就给她唱起了儿歌……二妹居然对着我咯咯直笑，看着她可爱的笑脸，我发现自己不那么讨厌她了……最近放学，我总去逗她笑，睡前也不由自主地摸摸她肉乎乎的脸蛋……我发现我渐渐爱上她了……

我也笑了！如此快乐的氛围总觉得班上差了点儿什么，我灵机一动，在"心情信箱"的旁边，我和孩子们一起种下"快乐树"。当有谁找到了快乐，可以种在树上，并等待这份快乐结出美好的果实。

最近瑶瑶好像变回了那个爱笑的乖乖女，我顿时明白，只有整个家庭笑了，孩子才会笑着走进学校。只有家校合力才能给予孩子最美的环境。为了将这份美好的微笑延续，我组织开展了"为你读诗"亲子活动，孩子和家长自由选择最爱的诗词，一起诵读，体会诗歌的美好，感悟陪伴的幸福。听着瑶瑶和妈妈的朗诵，声音是那么甜，隔着屏幕我都感到了幸福，竟也不自觉地扬起了嘴角。

辛勤耕耘时是快乐的，期待达成时是幸福的，心灵被感动时是充实的。来看此花开时，我发现：教育的路上一路美丽、一路芬芳，让我们一起静待花开，聆听花开的声音。

教师成长感言

工作室对于我而言如同一次最美的遇见。一群志同道合的人，一路扶持、相伴，一年的同行收获了专业的学习，也经历了一次次比赛的历练。在全国班主任基本功大赛中，从最初的选题、智慧的碰撞、精心的打磨、到最终全国展播获得经典案例的殊荣，我自己都不记得到底经历了多少次的修改，但我却清楚地记得每一次都有工作室导师的倾囊相授，都有小伙伴的真心陪伴。在工作室这片沃土上，我梳理着班主任工作的经验，收获着专业的系统化成长，更获得了前行的力量。

重庆市渝中区中华路小学 诗意班级 黄素颖

宽容理解 vs 以牙还牙

【导语】学生在校与同学发生矛盾，班主任要及时、有效地解决，并协调好家长之间的微妙关系，这其中共情是必不可少的一项能力。同时，班主任也要引导学生正确、恰当地表达情绪，学习多种自我调节的方法，提高其适应社会的能力。

同感共情化干戈

"舒老师您好！今天放学，小周不小心踢到小李的腿，小李不问青红皂白直接一脚踹到小周脸上，嘴角都是血。我想说，同学之间还有好几年要相处，不小心碰到、打到的事情还可能会发生。小周有错在先，不小心踢到她，她还击是可以理解的，但这也太暴力了吧！前段时间老师还在让看绘本《小手不是用来打人的》，手不能打人，难道脚就可以吗？"

以上是小周妈妈晚上 10 点给我发来的微信内容，并附有小周受伤的图。由于那天我外出开会不了解实情，这件事具体是怎么发生的，谁对谁错，需要两位学生说明当时发生的情景，但现在孩子们都休息了，只好明天到校解决。从文字可以看出家长还是有一定情绪的，这种事情如果没有及时、有效地处理，后续做工作就会比较被动，甚至还会闹得家长间大动干戈。于是，我马上冷静下来，与她同感、共情，回复道："都流血了，肯定很疼。亲，我能理解你的心情。看过医生了吗？""孩子回家后，我给他简单处理了，现在他睡了，我才告诉你的。""幺儿没流血了，我就放心了，我马上联系小李妈妈。"安慰了小周妈妈，我马上把微信截图传给李妈妈（由于时间晚，没有电话联系）。随后又联系小周妈妈并让她明白孩子之间发生矛盾在所难免，要教给孩子解决问题的方法，也承诺明天了解情况后，我们将在班上开展"面对同学的无心之失是宽容理解、还是以牙还牙"的讨论。小周的妈妈见我这样设身处地地解决问题，也欣然接受了。

半个小时后，李妈妈发来微信："我刚才已经了解事情发生的经过并教育了小李，明天到校后她给同学道歉。"看到这条信息，我长长地舒了口气。我想，还好平时特别重视家校协同育人，在关键时候还是需要家长的理解支持，这件事将会以小李主动给小周道歉而结束。

可转念又想，面对同学的无心之失，很多同学都会"以牙还牙"，这种情况在小学乃至中学都时有发生。遇到"气焰"嚣张的同学还会导致两人大打出手，最后"两败俱伤"。是什么让孩子们大打出手，能有好的方法解决吗？究其原因，一是家长害怕孩子吃亏，平时教给孩子的就是以牙还牙的方法。二是小学生自我控制力差，容易情绪上头。古语说得好："知其心，然后能救其失也。"要对学生进行情绪疏导，只有进入他们的内心世界，才能了解其心理的真实需要，及时地疏导，教给方法，让学生拥有良好的情绪、宽容的态度去解决矛盾。于是，我知道自己该干什么了。

退后一步天地宽

第二天，我首先请小周叙述了昨天事情经过，而后小李大声辩解道："他是故意的！我才动脚踢了他。"一个说无意，另一个说是有意的，看来只好请出证人来。几个证人都证明小周无意踢到小李，而小李直接踹了小周作为回击。"小李，你认为小周是故意的，你当时是怎么想的？"我看向小李。"我当时很生气，很愤怒，什么也没想，直接就踹回去了。"她红着脸说。"看来，又是你冲动了。"我评价道。小李是个典型的小辣椒，风风火火的，做事没有分寸，控制力较差，常为一点小事大发脾气，有时甚至有攻击性行为。于是，我趁热打铁地引导："同学们，当我们发生矛盾时，面对同学的无心之失，是宽容理解还是以牙还牙？"班上其他同学异口同声地说："宽容理解。""说起来容易，做起来却很难，你们在发生矛盾时都是这样做的吗？"一个个小脑袋又慢慢地低下来。

"同学们，让我们来找找其中的原因吧。不能宽容别人，就是斤斤计较，我给大家讲个有关斤斤计较的故事吧！"听后，我带领学生找到斤斤计较的原因：心有怒气，不能控制情绪、想要报复对方，只看到别人的错误。

"同学们，与斤斤计较相对的就是宽容理解，让我们来做个实验吧。"学生们的好奇心一下子被我吸引了。我拿出一个盛满水的小杯子，问："我往水杯滴一滴蓝墨水会怎么样？""变蓝！"大家异口同声地回答，实验结果确如他们所料。我又拿出一个直径20厘米的金鱼缸出来，接着问："猜猜接着会有什么变化？"一滴蓝墨水滴下去，顿时墨水像朵菊花在水里慢慢绽放，渐渐变淡、再淡、慢慢地，水里呈现很浅很浅的蓝色，这时，学生们的脸上挂着惊讶的神情。我假设道："如果把一滴墨水滴入大海会怎么样？"孩子们争先恐后地回答："墨水会消失在水里。""墨水会融入海水里。""会变成海水一样的颜色。"我看时机差不多了，追问道："墨水为什么会消失在海水里呢？"学生思考了一会儿回答："大海无边无际，墨水很快就会被海水稀释得不见踪影。"我意味深长地感叹道："墨水就是同学间经常遇见的小矛盾，而水杯、鱼缸和大海就是你们不同的胸怀，你想做什么样的人呢？"听着听着，有些学生好像悟出了什么，慢慢低下了头。

解压神器治愤怒

随后，我又提问："同学们，当我们发生矛盾、心里很愤怒时，该怎么办？""老师，用上次你给我们讲的绘本《手不是用来打人的》的方法解决，大声告诉对方'手不是用来打人的。'""对，大声制止！""老师，妈妈教我还可以说出我们的感受……""向家长、朋友倾诉！""老师，在家里我和妹妹发生矛盾时，我会到阳台上踢沙袋。""老师，我和好朋友吵架后，我会去打游戏、去画画……""老师，上次我被妈妈冤枉了，我很生气，差点砸了家里的玻璃杯，爸爸教我做深呼吸，想妈妈爱我的美好事情，我照做后，心情好多了……"顿时，学生们七嘴八舌地提出了各种建议。

学生们知道如何控制自己愤怒的情绪，也知道面对同学的无心之举要退一步，要宽容理解。两个小朋友也互相道歉，一个表示不再斤斤计较，另一个也学会宽容理解，原谅了对方。

晚上，我分别给两位妈妈发去微信，告诉他们孩子的表现以及最后的结果。李妈妈回复我：谢谢老师的耐心与教导，也谢谢小周的宽容大度。

知行合一助成长

如何让宽容理解不仅仅停留在口头和认识上，我还在班级选出男女两名"金牌调解员"，他们的主要职责是当同学们发生矛盾、问题时，能及时地出面制止、调节，化解同学之间的矛盾。同时，"金牌调解员"还配有长相和说话都比较"佛系"的"灭火员"，当有同学发生矛盾时，他们双手合一，靠于胸前，做着僧人的动作，嘴里不停地说"施主，淡定、淡定""别冲动，冲动是魔鬼""让人三分不为输"等一些劝告的话，其目的是让矛盾双方冷静下来，以便配合"金牌调解员"的调解。

我们班每位学生还在墙上种了"成长树"，当自己克制了不良情绪时，可以给自己的"成长树"添加一片树叶。当然，看到别人宽容大量，也可以为他人添加树叶，看看谁的"成长树"枝繁叶茂。因此，在我们班有时会看到同学涨红了脸，紧握拳头，嘴里还会发出"嗯、嗯、嗯"的声音，那是同学在控制自己的情绪。

"知心信箱"也是学生们常常光顾的地方。当同学们有矛盾、烦心事时，都可以把自己的感受写出来或画出来，由我这个"信使"给他们传递。同学间通过这种方式了解到了对方的想法，能彼此站在对方的角度思考问题，大都第二天就能和好如初了。

渐渐地，班上的小天使多了，"对不起""没事""我也有错"等宽容用语时时回荡在课间……

后　记

学生间发生矛盾并产生纠纷，作为班主任应该及时了解产生矛盾的原因，站在学生的角度去理解学生心理和情绪，并在此基础上耐心化解。在处理纠纷时，要充分尊重学生，引导学生认识自身问题，积极解决，真正做到让学生经一事长一智。当学生发生矛盾或纠纷时，我一般分以下四步处理。

一是及时制止，防止激化矛盾。当学生之间产生纠纷或者矛盾时，要及时制止，尽快让矛盾双方从非理智状态中冷静下来，防止矛盾升级或扩大。

二是疏导情绪，与学生共情。班主任要倾听矛盾双方各自陈述事情的经过，与此同时，理解学生，在情绪上和学生共情。

三是换位思考，角色互换。让各自从对方的立场看问题，体会对方的心情，从而逐渐消除矛盾。

四是针对问题，开展活动。班主任可以召开系列主题班会，通过情景游戏、小辩论、小实验、故事等形式，让学生谈谈问题所在，以免再次发生类似事件。

总之，学生发生矛盾不可避免，班主任要以平常心看待，把每一次解决问题的过程转化为教育的契机。

教师成长感言

专业引领，研究有效。工作室立足于班主任队伍的专业成长，研究班级管理和文化建设，创设"一班一品"，实现班班塑品，人人出彩。每月一次主题研究，在专家和莫老师的引领和点拨下，我对班主任这个特殊的岗位有了全新的认识，并把所学知识运用到班级管理中，班级管理井然有序，带班轻松多了。

同伴互助，助力成长。工作室构建学习研究的共同体，关注教育前沿，注重实践中创新，破解学生成长中的难题，在不断地对话中碰撞智慧的火花，提高了我们的专业能力。

且行且思，方能致远。这一年我对班主任工作及时反思和总结，再忙也要坚持记录，不断积累，通过"学习—实践—反思—提升"的过程，让自己更优秀，相信点点星光终会汇成璀璨银河。

重庆市渝中区中华路小学校竹园校区　大拇指中队　舒义虹

整理有序　成长有你

【导读】培养自理能力，锻炼自我服务意识，是一个小学生必须具备的生活技能。让低年级小学生养成自我整理的习惯，有助于培养其文明有礼、充满自信和责任感，同时也能培养其在处理问题上的能力，对其今后学习和生活有着积极的影响。

"老师，我的笔不见了。"

"老师，我找不到听写本了。"

"老师，能不能帮我们家孩子找找水杯呀？"

·············

新接手这个二年级班级，这些没有收拾、整理习惯的孩子和每天打电话找东西的家长几乎让我疲于应付。

随着社会的进步，优越的物质条件给人们带来了良好的生活和学习环境，但也给现在的孩子们带来了一些"不良反应"。这所作为 80％是流动人口子女的学校，大多数父母忙于生计，无法在子女教育上投入精力；也有部分独生子女家庭过度溺爱孩子，一切事情都为孩子包办；还有部分家长重智育、轻德育，重分数、轻品行。因此在这个集体中，可以见到大多家长忽略了孩子行为习惯的培养，造成如今孩子们丢三落四、缺乏整理习惯的情况发生。

第一部曲："实物整理"有办法

【知礼——立规矩】

小学低年级学生处于依赖性很强的"以家长和教师为权威"阶段，行为习惯缺乏自觉性。于是，我确定了改变的第一步从"知礼——立规矩"开始，结合学生年龄特点和学生们一起学习"三字经"。

> 房室清　墙壁净　几案洁　笔砚正
>
> 列典籍　有定处　读看毕　还原处
>
> ······

让学生们每天利用朝会时间读一读、背一背；借助实物整理相关视频让他们理解整理的真正含义；借助课间和学生们一起聊因物品乱摆乱放而造成的影响，再借助班会课和孩子们一起制定《班级"整理"公约》。公约对"哪些是我们力所能及的整理，可以尝试着做的整理，必须学着做的整理"做了明确的界定，很快学生们就明确了自己的"整理职责"。

【善学——教方法】

规矩是引领，知行要合一。为了让学生们学会如何整理自己的物品，我以"整理书包"为例，为他们进行了一堂班会课。

在班会课中，我利用"给学习用品分类、找家、送回家"的三步法，将如何整理做了一个流程梳理，编成儿童喜欢的三字歌谣，各取他们的首字母，把这种整理方法称之为"FZS"整理法。

同时，借助学校大队委换届选举的机会，向学生们征集有关"整理"的少先队小提案。令人惊喜的是，学生们创意无限：有使用标签的，有制定闹钟定时检查的，有邀请同伴提醒的，有给桌子增设置物架的，甚至还有的想出在教室天花板下挂个篮子的主意。一下子，学生们对"整理"的兴趣越来越浓烈，教室里的东西乱摆乱放有人管了，地上的东西有人主动捡拾了，连教师的办公桌学生们也开始关心起来了……

【践行——用方法】

1. 与"礼"同行。

把物品整理方法落实到学生每一天的学习生活中，经常利用班队活动时间开展整理小竞赛，结合学校行走在"礼"路上的活动，评出"整理小达人""整理大师"，并给予学生"浪花章"鼓励。同时通过结对帮扶活动，让"整理小达人"和"整理大师"一对一指导整理能力比较差的同学，做到督促提醒，定期检查看看谁的书包整理得最整齐，并且提出表扬。久而久之，学生的整理意识整体增强，渐渐地养成了会整理的好习惯。

2. 带"礼"回家。

由于学生年龄比较小，规范意识不强，即使掌握了整理方法，也难免出现反复，为了提高学生的整理意识，培养他们整理物品的好习惯，还需要师生、家校形成合力。通过家长会，我进一步了解了学生在家自理能力的基本情况，并将自己对学生"行为习惯"养成教育的想法和做法跟家长做了分享，得到了家长们的大力支持与配合。为了提高孩子们在家自己物品整理的能力，家长配合教师一起开展了"整理床铺、整理衣柜"等实践活动，通过拍照或录视频的方式分享了孩子成长和进步的点滴，对孩子们的劳动成果及时鼓励和肯定，并为他们颁发"家庭浪花章"，进一步强化生活有规律、行为有规范的意识。

3. 携"礼"出门。

在研学实践活动中，学生们用他们干净的着装，整洁的餐后桌面，有条理的收拾整理，展示了文明有礼的"临江少年"形象。

第二部曲："思维整理"再升级

《中小学德育工作指南》指出：立德树人是教育的根本任务。课程作为集中体现国家意志、教育目标和教育内容的主要载体，是学校教育活动的基本依据。学校老师要重视课程育人的功能，将中小学德育内容细化并落实到学科教学中，融入教育教学全过程，渗透到学生心里。

于是，借助学科教学，让整理再升级。首先，我带着学生们学习思维导图的绘制方式，让他们感受图示的精准表达。接着，借助我班的"FZS"整理法，引导孩子从语文学科的学习入手，用思维导图串联笔记，串联知识。让人欣喜的是在新学期语文开学第一课中，学生们将整本语文书变成了一张思维导图。在数学第一单元的学习中，他们居然用思维导图的方式将知识点进行了整理……教师们纷纷感叹，短短一个学期，孩子们好像长大了，思维的流畅性也更好了，成长已然被看见。

第三部曲："情绪整理"再出发

原本以为"整理"的话题到此结束，不想却因东东的问题引发了我新的教育思考：怎样进行"情绪整理"，帮助孩子形成良好的品格？

"老师，东东在和同学打架。"

"老师，东东又在教室里大吼大叫。"

…………

东东是我们班有名的"暴脾气"，原本热情的他，经常因为一些小问题与同学开吼，甚至是动手，很多同学都受不了他"忽冷忽热"的状态，他自己也经常因为情绪管理不到位而后悔。

于是我立即组织了班委和家委会成员，开启了新一轮的研究，从宣泄调控、遗忘调控、转移调控等多个维度入手，借助"FZS"法研究过程，首先组织商讨"坏情绪带来的危害"，进而制定"情绪管理公约"，通过"情景剧表演"的方式传递自我情绪管理办法，最后还想出了制定"成长规划"，用靠近目标的成长来战胜坏情绪……

在这个过程中，幸福感油然而生，我仿佛带的不是一群小学生，而是一群研究者。通过一系列整理习惯的培养，孩子们从"实物整理"到"情绪整理"，不仅在生活技能方面获得了很大提升，思维也变得更有条理，还增强了责任感、自信心，从而提高了对自我价值的认识，班风班貌焕然一新。终于，在教师、家长和学生的共同努力下，我们创立了自己的班级品牌：好习惯中快乐成长。我们希望通过好习惯的培养让孩子们变得自立、自信、自强、自尊。十年树木，百年树人，学生行为习惯的养成不只是一朝一夕的事情。我坚信，只要大家持之以恒，不懈努力，孩子们一定会成长为有理想、有道德、有文化、有纪律的新时代接班人。

■ 教师成长感言

时光流逝，万物更新。工作室丰富多彩的专家讲座、伙伴们优秀的教育案例、精彩纷呈的微班会等活动，充分展现了班主任工作室"示范、引领、带动、辐射"的作用。伙伴们好学上进、乐于创新、勇于开拓的精神给予我很大的动力，让我在班级管理上大胆尝试、敢于创新，在导师莫老师的指导下成功培育了自己的班级品牌。成长路上，感谢伙伴们一路同行。

重庆市渝中区临江路小学　杨　霞

五子棋盘上的方寸

【导语】陶行知先生认为"生活即教育"，在生活里找教育，为生活而教育。班级管理更是如此，教育契机每时每刻都存在，要用一双发现的眼睛，捕捉学生感兴趣的事物、游戏和偶发事件中隐含的教育契机，加强利用，正面引导，从而达到"润物细无声"的效果。

孩子对世界充满好奇和求知欲，兴趣是最好的老师，孩子们的兴趣是不应该被压制的。但"学生是正在成长中的人"，当他们对自己的兴趣十分狂热时，会不分时间、场合沉浸其中，这是好事，也是坏事。当出现变成坏事的倾向时，作为班主任，我的观点是，在原则问题上，要坚定如磐石；在兴趣问题上，则要顺势而为。

小小棋盘方寸乱

一段时间以来，"纸上五子棋"游戏在班上悄然成风。一张纸、两支笔就能玩上一局。课间，三五个小脑袋聚成一团，时而传来激烈的争吵，时而传来喜悦的欢笑。起初，我认为下棋不仅能增强思维能力，提高智力，还能很好地避免孩子们课间疯跑的现象，因此我让他们玩，偶尔还要上前指点迷津。可是，问题来了。渐渐地，我发现孩子们的作业本变薄了，教室里的纸屑变多了，教室清洁变差了……

一天，我正在批改课堂作业，拿起第一本翻开一看，满满一页的五子棋局出现在我的面前，更可气的是，我翻遍了整个本子，也没寻着作业的踪影。我把本子重重地丢在一旁，准备下课冲进教室问个究竟。没想到，下课后，数学老师却率先冲进了办公室："何老师，你们班的小李和小东上课居然还在下五子棋！我还真佩服他们，靠一个本子传来传去，这是多么顽强的意志力呀！"听了数学老师的话，我哭笑不得。

看来，学生们快要把课堂时间变成课余时间了。棋盘虽小，方寸却乱，该怎么办？粗暴干涉不是我班的风格，变坏为好才是良方。教育家陈鹤琴先生曾经说过："无论什么人，受激励而改过是很容易的，受责骂而改过是很难的。"对啊，不就是因为学生自控能力差，挂念着那一局没下完的棋吗？既然下棋是学生们的兴趣所在，不能明令禁止，那就试试奖励！

变罚为奖知方寸

我先召集班干部开会，了解到目前五子棋确实是班上的"顶流"，于是我们进行了头脑风暴，决定开一次班会，和全班共同探讨解决问题的办法。班会课上，首先"情景再现"，几位同学以小品的形式将同学们上课下棋的现象展现在大家面前，同学们讨论这样做可不可以，有什么危害？孩子们初步达成共识，意识到上课下五子棋不仅影响学习，也会影响老师的课堂秩序，全班共同约定课堂上不能下棋。然后宣布下周举行一场五子棋比赛，前提是这段时间不能在学校玩，只能回家查攻略、研究战术，并让组长记录，上课下棋的同学将取消比赛资格。

我还通过班级群告诉家长，孩子们最近对五子棋兴趣浓厚，希望家长们利用孩子的课余时间和孩子们多玩玩，为班级五子棋比赛做准备。

观察发现，接下来的这几天，还真没有人在课间玩五子棋了。班级五子棋比赛如期举行，只见他们手拿着打印出来的"宝典"，脸上洋溢着笑容，个个摩拳擦掌，准备大显身手。我发现有些孩子的棋艺还真有长进。最终，班里的小胖获得"棋王"称号，那一蹦三尺高的劲头至今让同学们津津乐道。

比赛结束后，我将本周的周记主题定为"五子棋盘上的方寸"，让学生们记录下此次比赛；同时提出目前班上因五子棋出现的影响学习的问题，要学生们在周记里总结以后该怎么做；还让班干部商量出最合适的下棋时间。不久后我欣喜地看到，大部分学生都在周记中提到了以后不能因为五子棋影响学习，还商量出了每周五中午大课间那半个小时用来下棋。

方寸之间共成长

小小棋盘，让学生们享受到在方寸之间斗智的乐趣，同时也让他们慢慢学会了在恰当的时间做恰当的事……

一天，我接到小李妈妈的电话。她激动地告诉我，以前孩子在家玩手机、玩iPad停不下来，自从和孩子一起制定了家中的手机管理办法，有奖惩制度的约束，情况有所好转。

在学校，科任老师也向我反映，说班上没有再出现上课玩游戏的情况了，听课的专注度有所提升。

我也发现学生们下楼做操不拖拉了，完成作业的效率提高了，连我们班的"小蜗牛"也知道课间找老师解决错题了……

变罚为奖后，不仅让学生的棋艺增强了，还让他们慢慢学会在恰当的时间做恰当的事，真是一举两得，事半功倍。

作为一名班主任，要善于不断发现教育契机，"见微以知萌，见端以知末"，洞察孩子的内心世界，进行科学的引导。教师引导的态度不同，教育效果也会截然不同。

教师成长感言

很荣幸有机会能够加入莫老师的工作室，这两年多的学习，让我因忙碌而变得浮躁的内心渐渐安定下来，使我的教学思想在专家的引领下不断沉淀，让我感受着教育的深邃和宽广的同时，又一次领悟了"学，然后知不足"这句话的深刻内涵。路漫漫其修远兮，吾将上下而求索！今后的工作中，我将用心思考，用心感悟，做好班主任工作。

重庆市渝中区解放西路小学萤火虫中队　何梦佳

一段别样的心路历程

【导语】学生的学习一定要跟现实结合起来，关注时代、关注社会、汲取养分、丰富思想。当下发生的一切对学生而言都是公民素养教育最好、最鲜活的教材。引新闻的"活水"，在火热生活中寻找鲜活的育人之源，有效培养学生的公民素养，促进学生健康成长。

为之焦灼的心

突如其来的疫情将那个寒假拉长，宅家上网课成了我们主要的学习方式。按部就班的网课生活看似波澜不惊，背后却"暗潮涌动"……

"丁零零……"结束了上午的网课教学，还没等我喘口气，手边的电话又急促地响了起来。

"陈老师，不瞒您说，自从上网课以来，我们家孩子就完全放飞了自我，坐在屏幕前不是打瞌睡，就是玩东西……"刚放下电话后，屏幕上又闪现出了另一个家长给我发来的微信：陈老师，我今天叫孩子起来上课，孩子百般磨蹭，结果错过了网课……我听了后确实生气，但还是冷静下来和学生沟通、谈心，结果却收效甚微。

没有了课堂的约束，线上学习对班里的大部分学生来说只是流于形式。每天 9 点开始的线上学习，我随时连麦让他们回答问题，大部分学生的回答都是支支吾吾的。组长将作业汇报交给我时，名单上每次都会出现很多没完成的名字。科任老师也常常向我诉苦，有好几个孩子居然几次因为睡过头了而缺席。还有的家长反映孩子趁着上网课偷偷打游戏……

按捺住心中的焦急，决定"特殊时期"特殊手段，我为班级制定了一套严格的制度来约束其行为。上课前连麦挨个点名，开启视频功能让他们"无处遁形"，终于，学生在我的"强势压制"下变得规矩了。

正当我为取得的成效沾沾自喜时，一条来自班长的微信截图给了我"当头一棒"。截图是大家热火朝天地发送无厘头的表情，聊得热火朝天，这一切正是我上网课时发生的……原来他们和我玩起了"猫捉老鼠"的游戏，甚至有学生还"大放厥词"："现在是疫情防控期间，陈老师最多也只是隔着电话批评我，等到开学也就忘了，难不成她还会到家里来逮我吗？"面对这种学习状况，与家长沟通也收效甚微。大部分家长忙于自己的工作，学生在家上网课无法做到时刻监管，此时此刻我和家长的心都焦灼着……

随之跳动的心

那时，网课还在继续，我每天带着一颗不安的心隔着屏幕和学生相聚，上课的效果还是不如人意，暂时也没有更好的办法。但一次课后我却意外发现，下课后的那几分钟交流时间里大家都会热火朝天地讨论和疫情有关的话题，顿时我意识到这场发生在当下的疫情不正是学生们最好的教科书吗？如何通过这场疫情让大家学会观察，学会思考，学会应对？我想到，每天打开电视都能看到央视新闻对疫情的深入报道，抗击疫情时刻牵动着全国人民的心，对！新闻。以新闻为切入点，结合语文的相关知识，让学生们在真实情景中思考问题、解决问题。

于是我制定了"观新闻、善思考，我行动"的宅家主题活动。通过调查制作"疫情卫生保健说明书"，摘录有关疫情方面的名词并作解释，然后引导他们如何去伪存真、分辨信息的真实度，再联结生活想象自己如果是医护人员，面对疫情你会怎么做……这一系列的活动撬动了孩子们的学习兴趣点。

学生们的状态在悄然间发生着改变，大家每天按时相聚在屏幕前，一改之前的散漫，虽然少部分孩子偶有反复，但也能在大多数同学的带动下自我调整。每天的班级群里学生和家长们都积极讨论、相互学习，争先恐后地提交学习的成果：晖晖用图表的形式呈现了一张清晰明了的说明书；俊杉图文并茂地解释了很多跟疫情相关的专用名词，让大家涨了不少知识；小冯的《防疫辟谣大作战》全方位指导大家如何识别真假信息；天天写给坚守抗疫一线的警察爸爸的信感动了所有人……

眼前的一切让我明白了"堵"不是办法，"疏"才是出路，一味地"围追堵截"只会适得其反。上网课属于"接受式学习"，时间一长、内容一多会折损孩子的学习兴趣。陶行知先生就曾教导我们"生活即教育，社会即学校"，生活处处皆学问，要把育人方略有效地融入学生学习生活的方方面面，抓住他们的兴趣点给予人生启迪，才会疏通孩子们的内心，成为他们的学习动力。

就在我感叹形势一片大好时，只有小俊的作业还让我特别头疼，每次提交的作业本上都是寥寥几笔，字也写得歪歪扭扭，从大量的留白中我能看出他的敷衍。

有一天，我接到了小俊妈妈的电话："陈老师，这段时间其实小俊特别关注疫情，平时上网都是打游戏、刷搞笑的短视频，但这次很投入，在小组讨论时他也是最积极的那个，看得出来他是很想好好完成这次活动的，但是每次让他写，他就百般要赖还抱怨，哎，真是拿他没办法……"

挂断电话后，我也在思考，小俊是一个十分活泼的男孩，口头表达能力很强，有自己独到的见解，每次班队课他都能侃侃而谈，说出自己内心的感受。既然能说会道，何不让他把这些都录成视频，让他过把当"小主播"的瘾呢？

当我把这个想法告诉他后，电话那头的他激动不已："真的吗？我真的可以不用写？可以当个'小主播'？陈老师您放心我保证认真完成任务。"虽然看不到他的表情，但从电话里的声音里能听出他很乐意去做。

自从给他布置了这样特殊的任务后，我看到了他的蜕变。他录制的"七步洗手法"视频发到班级群里后，大家都啧啧称赞。我顺势鼓励他去挖掘更多的疫情信息，每天为大家播报。

后来，小俊用一种特殊的方式向奋战在一线的"逆行者"致敬，这个稚气未脱的男孩模仿《新闻面对面》，一人分饰主持人、记者、医生三个角色，就疫情当前不同职业的使命与担当侃侃而谈、自信满满。"访谈"最后，"主持人"还呼吁，学生也应肩负起属于自己的那份职责——为祖国的美好明天努力学习，因为"少年强则国强！""华龙网—新重庆"客户端还对这段视频进行了报道，小俊迅速火遍朋友圈。

小俊的妈妈也加入进来默默支持着儿子，后期剪辑她虽然花了好几个小时，但在跟孩子相处、磨合的过程中，也和孩子一起成长。看到小俊的蜕变，妈妈很欣慰，也充满了成就感。

点亮炽热的心

在班级里，渐渐涌现出了更多关心天下事的小主播，于是我趁热打铁开展了"童眼看世界，争做快乐小主播"系列活动，并与学校"中华星争章活动"相结合，更加激发了学生关心天下事的积极性。

日常活动天天有。天天读标题新闻，每周二、三坚持"新闻八分钟"朝会，孩子轮流上台播报新闻，从班级、街边新闻到国内外大事，从娱乐到医疗、科技、军事、政治……学生的兴趣点在变化，视野在慢慢打开。

特色主播个个棒。班级不断涌现出了"炜辰说奥运""乔比小百科""珊珊话健康""皓杨直播间"……这些属于孩子自己的新闻播报，充满了体育精神、民族自豪感、责任感。

公益服务我践行。组织学生走出校门，开展小导游活动，现场讲解、视频和图文介绍家乡，培养了学生服务社会的意识。坚持参加"小小志愿者"活动，为图书馆整理书架，学生们在人们的致谢声中获得了极大的自信……

这"心心"之火点亮了班级一片炽热的心。

教育不是灌输而是点亮，是真正的唤醒，点亮了班级，唤醒了学生，让他们肩负阳光与美好，找寻到自己之外的世界。也点亮了我，学会用敏锐的眼光去发现他们身上的闪光点，给予每一个孩子展示自我的舞台，让他们演绎出独属于自己的精彩。

教育从"心"出发

这次别样的经历，给了我很多关于班主任工作的启示。

以学生为本。把学生置于育人活动的主体地位，注重学生的主体性需求，关注学生的全面成长，把学生真正当做"人"来教育。尊重学生的自主意识，关注每个学生情感的需求、生命的成长。从心出发，拥有心对心的尊重，才会具备教育智慧。

生活即教育。朱小蔓在《情感教育论纲》一书中提到："教育不仅关心人是否有知识，而且关心人是否有生活体验，关心人体验到了什么，追求什么样的生活体验。"从宅家主题活动被华龙网报道，到后来全面铺开的"童眼看世界，争做快乐小主播"系列活动的开展，这些体验活动的源泉都来自学生的生活。随时随地关注身边新闻引导着孩子内心的生发，从中我也逐步确立了自己的带班方略，引入新闻作为媒介形成班级品牌特色，让我的班主任工作之路越走越明晰。

家校社共育。各方共育，聚集力量才能全方位为孩子的成长保驾护航。学校的系统教育、家庭的根基浸润、社会的参与感召，这一切只有家校社携手，才能搭建起学生成长成才的完整空间，绘出育人的"同心圆"。

"路虽远，行则将至"，陪着孩子们朝着光走下去，一起向未来，这是我的初心使命，也是我对教育事业的追随和坚守。

教师成长感言

一朵云推动另一朵云在天边远行，一个灵魂唤醒另一个灵魂去远方寻觅。成为孩子们独特学习经历的创造者，观察、发现、寻找孩子们成长的契机，尊重孩子个性，激发他们的潜能。唯有真正走进孩子奇妙而深邃的内在世界，才会让他们熠熠闪光。

重庆市渝中区中华路小学校 陈 信

那个没有朋友的孩子

【导语】没人缘的孩子缺乏情绪智能，他们不能自发地知道如何与其他小朋友好好地建立联系。归属感是每个青少年对学校应有的期待，而教师有一个重要的责任，是保证每个孩子在校园里至少拥有一个朋友。

——《不让一个孩子受伤害》

"他又打人了"

M是班级里的"小恶魔"。自从转学来，他就出了名的调皮大王，老师让左他偏向右，同学们都坐好了他偏咆哮不止。他学习习惯不好、作业经常不做。这样一个让人头疼的男生，不仅是因为他刻意地表现出格格不入，还因为他经常爱打人，让班里所有的同学都害怕他。班里常常有同学投诉他，为此纷争不断，他自然也是独来独往。

走进他的家庭，就能找到他身上这些暴力行为的根源：从小缺失父爱，母亲照顾不多，且备受祖辈溺爱。在家为所欲为，什么事都有人代劳，在外则是横行霸道，在哪儿都想当大王。渴望交朋友，但缺少方法的他在人际交往上只会用拳头去征服，结果总是导致别人害怕他。而这些行为恰恰是源于他潜在的自卑，暴力让他越来越成为一个"孤岛"，谁也不愿意靠近他。

想要拯救这种状况的男孩，往往需要不少的"招数"。我相信，那些缺失的爱和包容在一点点地补救中能够重新建立起来。知心信箱、友好班会、"一颗糖"、一次"敲打"，能使的招都使了，这个"暴躁"的小男生在教师不断地鼓励和引导下，慢慢变得好起来，他和同学间的纷争少了，这让我很开心。

直到这天。"周老师，M又打人了！"班里的小干部气喘吁吁地跑来告状。听闻此状我马上赶到现场，只见M攥紧了拳头，面目都快扭曲了，他一边大喊一边还要往外冲，旁边的同学使劲把他拉住，一旁的晓阳则害怕得哇哇大哭，额头看着有些红肿。我还是第一次看到这样的M。

心理学家丹尼尔·戈尔曼这样给"情绪智能"下定义：情绪智能是一个人能够意识到自己的情感并能控制住自己情感的能力。显然，这样的能力M是不具备的。

"我不是垃圾人"

为什么他这次会如此大打出手呢？我把 M 叫到身边，请他坐下。这时的他，没有了那股愤怒，平静了许多。我看着他，内心复杂万分。眼前的这个孩子到底是怎么了？之前老师对他的那些一点一滴的付出似乎是付诸东流了，好不容易看到的转变似乎就要荡然无存。

我带晓阳去校医处确认了伤势，确保他的安全后，一场新一轮的"刑侦"和"心理辅导"又开始了。我想要问个究竟，但不管我怎么问 M，他也不说话。在询问了现场的其他同学后，得知在 M 动手之前，周围的好几个同学在指责他、数落他。

当我提到这件事时，他的眼神有了变化，似乎憋着一股劲儿。

他声音压得很低："他们说我是垃圾人，我不是！我不是！"说着说着眼泪就往下掉。我还没来得及插话，他就连珠炮地大喊起来："妈妈说，只要我变好了，同学就会喜欢我，但没有，他们不喜欢我，不管我怎么样，他们在心里还是讨厌我。我不是垃圾人！"

他激动得发抖，甚至有些歇斯底里。我紧紧地搂着他的肩膀，安抚他的情绪。让他把心里的话全都喊出来，把心里累积的情绪都释放出来。

平静过后，我问他："班级里谁是你的好朋友呢？"

M 低下头小声地说："没有，我不喜欢他们，不想和他们做朋友。"

"为什么不喜欢呢？"

"他们都不喜欢我。"

"那天我看你和晨晨在一起看课外书呢，他不是你的朋友吗？"

M 想了一会儿，说："有时候是。有时候我们一起看书的时候就是，但有时候他说我，我就不喜欢他了。"其实，M 比其他孩子更敏感。

教育家阿扎罗夫曾指出："在情感世界里，任何什么东西不会自然地产生，因为这是与学习或者其他工作一样复杂和费心的心、脑、精神工作。"人的情感不是自然成熟的，而是在教育的促进下发展成熟的。这个孩子，他怎么样才能学会爱人呢？只有要让他真正融入班级和群体，让他找到真正的朋友，被朋友认可和包容，才能让他的心温暖起来。

奇迹男孩

我发现 M 喜欢看书，虽然上课爱走神，但当他读到喜欢的书，他就能沉浸在书里面很久。显然，他的内心世界是丰富的。

我选了一本自己喜欢的书《奇迹男孩》，在扉页里，我写下了这样的话："亲爱的 M，对于这个年龄的你来说，以为自己看到的是全部，但并非如此。

世界很大，每个人都不是孤岛。当你平和地伸出手，会发现黑暗中也一定有人会握紧它。世界很美，期待着你在未来去看到它的无限美好。"在儿童节那天，我送给了 M。显然，他有点意外，可能老师送他礼物，这还是头一遭。

对于这本书，除了捧着它时说出的那声"谢谢"，M 并没有再给我过多的回应。但那段日子，一切都趋于平静。

后来，我让学生们通过漂流瓶记录自己想说的话，用便利贴张贴在自己感兴趣的书目章节里。想说的话可以是问题，可以是不满，也可以是意见。大家不知道下一个拿到这本书的人是谁，也并不知道下一个问题是什么。渐渐地，那些书越来越厚，里面的纸条也在不断叠加。我知道，正如一位教育学家所言："儿童能够在一种支持性的氛围里表达他们的不满，解决他们的问题，同时能意识到自己的行为对他人情感的影响"。

有一天，晨晨跟我说："最近大家发现班里有一个'大神'，每次精彩的回答都出自这个大神的笔记。他们猜是我，但其实不是。"

"那是谁?"

"是 M，我认识他的笔迹。"

"哦，是吗? 我知道你们有时候会一起看书。"

晨晨说："他是我朋友啊，我们有时候会讨论喜欢的书，我有时候给他讲题。"

那一刻，当听到他说朋友这个字眼时，实在让我心里激动了起来。

"M 是你的朋友吗?"

"算吧，就是有时候我觉得他容易被误解。"

"朋友会在他被误解的时候帮帮他，他有你这个朋友，我想他会很开心的。"

"前段时间我和我爸爸吵架，他还安慰我。"

…………

那一天，晨晨和我闲聊了不少，但话题里，都没离开 M。

这个总是独来独往的男生好像真的有了朋友，不再总是形单影只。当然，他依然会被同学"投诉"，包括晨晨。但是，当我再看他时，M 脸上的笑容多了。

读完《不让一个孩子受伤害》后，我知道外围干预和根源干预的不同，良好的班级氛围对促进学生发展、与人交往的技能有很大的影响。如果班级能够创造出一种融洽的交往环境，不仅能够防止暴力，还能教育学生使之逐渐具备成熟的情感和较高的情绪智能。也让我坚信育人的路上，应引导孩子在一次又一次的起伏中，去塑造更完善的人格、更积极向上的情感。

教师成长感言

　　很荣幸能够加入莫老师的班主任工作室，跟随这样一位德才兼备的导师，融入一个寻找幸福的学习共同体。每一次研修学习都是对自己的磨砺，是对专业水平的重构，也是对育人之道的不断探寻。我想，一名德育工作者最好的姿态正是如此。工作室的持续学习让我思想更丰盈，行动更务实，让我面对每一个鲜活的学生个体，走进教育本真，帮助每个孩子变得更好。

重庆市渝中区中华路小学　周俐思

让"岗位星"再闪耀

【导语】班级管理是一个动态的过程，班级问题的解决过程有时一波三折。故事以"责任"教育为主题，呈现在班级岗位设置中出现的问题。教师以动制动，利用各种资源进行计划、组织、协调……也始终以学生为主体，让学生参与班级管理，解决班级问题，成为班级管理的主人。

"人和岗位星"在闪耀

"李蕊萱，劳动管理星。杨林，牛奶管理星。曹墨，绿植维护星……"我班每个月总有一次队会是干这事。啥事？评星呗，岗位责任星，天天有，周周算，月月评！

严格来说，我们班中队干部没有啥"实权"，因为人人都有班级岗位，人人都是中队的"干部"，人人都得对班级负责。

这事还得从头说起——

在"立德树人"的总目标下，学校"人和立德"德育品牌下的德育课程——"人和六典"，为各年级都制定了阶段化主题教育活动，分别是懂规、有礼、明责、能孝、诚信、会和。三年级伊始，我班就展开了"明责教育"的阶段化系列教育主题活动，希望通过课程和活动，让"责任"意识在学生心中生根发芽，这首当其冲的就是岗位到人。

学习组长、清洁组长、路队长、纪律管理员……四十个学生得设四十个岗位，我一个脑袋可忙不过来。孩子最了解孩子，既然他们是班级的主人，就让他们来思考到底还差什么岗位。这不，队会课上，大家一起来集思广益。

"我觉得讲台区域经常有短粉笔，可以安排人负责这里的清洁。""老师，体育课后经常因为有人忘记戴红领巾被大队部扣分，可以找人负责检查红领巾。""其实，班上的杂志应该由我们负责发。""老师，每天都有同学闹矛盾告状，有时还打架，我认为力气大的同学可以负责劝架。"同学们七嘴八舌，倒是能发现不少问题。

岗位倒是足够了，可乍一看，劳动管理员、安全管理员、学习管理员……这些岗位名称和以前大同小异。不，这次得整出点儿新意！

过了几天我宣布：本学期岗位设置全新升级，欢迎认领。我把班级岗位划分成三大"职能部门":环保部门——分管小组清洁、值日生、生活员、公区责任人等;组织部门——分管黑板报、课堂纪律登记、班队会开展等责任;行政部门——包括作业收发、学科交接、作业登记等工作。除此之外,另设合法民间组织,自愿报名,如金牌律师事务所,招聘"金牌律师",负责解决简单的班级"民事纠纷";安保公司,聘用安保人员负责课间安全;天使公司,由学霸组成,解决作业答疑,有求必应……

这样的岗位新颖独特,深受学生们的青睐,一度掀起班级岗位责任认领高潮。每月评比,优秀的"人和岗位星"每一颗都在闪耀。

寻找消失的"岗位星"

"罗老师,糖糖又说我坏话,他骂我傻子。"班上个子最小的雨涵一脸委屈地站在我的办公桌边。

"我说过多少次了,有问题先找'金牌律师事务所',解决不了再来找我。"我有点不耐烦了,这家伙和糖糖三天两头闹矛盾,班上有专门负责解决同学矛盾的"律师事务所",他们都干什么去了?

"找过了。谷子说他忙得很,要改错。小艾说他今天值日,解决不了。吴王忙着和同学玩,让我找别人去……"

放下手中的红笔,我耐心听雨涵说完事情经过,帮她和糖糖调解问题,一上午的课间都用在了解情况、解决问题上,批改作业的时间被耽搁了,最重要的是,引以为傲的班级岗位制度效能减退,责任人居然做不到位。我已经不是一次两次接到投诉了,这让我陷入沉思……

自"职能部门"和"民间组织"双管齐下的岗位设置实施以来,每个月的"班级月月评"催生了许多优秀的"岗位星"。最初,同学们热情高涨,积极认真地履行自己的岗位责任,人人争当"岗位星"。时间久了,有些同学不再积极认真,"岗位星"在逐渐"消失"中,比如今天,解决同学矛盾纠纷的金牌律师们就再次失职了。

学生的问题得从学生身上找原因!主题班会势在必行——

为了解决班上部分学生责任意识逐渐淡薄的问题,提升学生集体责任感,班主任和班委一起参与设计并开展了一次名为"让'岗位星'再闪耀"的主题班会。班会前,筹备小组对最近一次月评中消失的十五位"岗位星"展开了调查。

"我不是不愿意做,有时候就是忘了。""我下了课就想看课外书,我觉得看课外书比让我画黑板报有意思多了。""我一有空就忙着做家庭作业,回家就可以玩了,岗位工作太占用我的时间。"调查结果直击三大主要原因:没有时间、失去兴趣、欠缺方法。班会上,全班同学一起进行交流和讨论,帮助这些没有评上岗位星的同学针对这三大原因，思考解决方法。

同学们的方法挺多：遇到有事提前请同学帮忙，早睡早起，合理安排时间，寻求老师帮助，团队互相提醒……比老师想的招儿都多。

班会之后，班级履行岗位责任的情况的确有了好转。

让"岗位星"再闪耀

好事多磨。

眼看最近班级风平浪静，颇感主题队会效果肉眼可见。可一不留神，被我发现班级岗位表面平静下竟暗藏"汹涌"——合法"民间组织"遭遇危机。

"丁零零"下课铃一响，一大群同学涌向小袁的课桌。我很好奇，上前凑了个热闹。不看不知道，一看吓一跳。他们在排队等着"模拟抓娃娃"（一堆好看的橡皮），每个人手里还拿着一张白纸条，上面煞有介事地画着"月币"字样。

一番打听后方知，鉴于"民间组织"的新奇有趣，同学们逐渐开始私下创办新的组织——开公司。如游戏公司，研发桌面游戏，提供课间娱乐，这个"抓娃娃"就是其中之一。借贷公司，如借笔归还得附带一管墨囊当利息。与班级岗位不同，他们的这种新公司还有月币流通，由班上某几位擅长绘画的同学垄断，定时发放。经过调查取证，这样"开公司"不仅影响学习，课间午间还时常因为月币争吵甚至动手，课间岗位责任落实更受到严重影响。

"武力镇压"肯定不是明智之举，我决定将计就计。我宣布，"开公司"正式合法化，但必须注册，由政府（班主任）发放"营业执照"。月币可以流通，但私人发行月币不合法，也得由政府银行（班委会）发行。一听合法，学生们都开始接受这些规定。

利用接下来的朝会、队会，学生们高高兴兴地和我共同商定了一套可以执行的岗位责任补充方案。我们荷香中队发行的月币正式更名为"香币"，由家委会统一印制，盖班级章生效。班级综合评比栏中的小红勾达到一定数量可兑换香币，所得香币可以到老师处兑换相应奖品。"开公司"有限定，得向"政府"缴纳一定数额的香币用于注册资金，开的公司也必须是对班级、同学的学习、纪律、清洁有积极作用，可以多人一起办公司。根据该公司对"政府"的贡献，每个月固定发放一定数额的香币作为工资发放。此外，之前的职能部门（一人一岗位）提高待遇，作为"公务员"，只要尽职尽责，每月将得到固定数量的香币（原有岗位责任提高奖励额度，稳定军心）。

班级公司制度合法化的大门一开放，涌现出了"各行各业"，百花齐放："除渣公司"，专除教室垃圾；"桌面游戏公司"，帮助解锁课间文明游戏新技能……

如此一来，学生们既能认真履行原有岗位责任，还积极投身新的公司为班级做有益的事情，班级岗位打开了新局面，"岗位星"再次闪耀起来！

也许班级的公司责任制度再过一段时间又会出现新的问题，不过没关系，班级管理本身就是一个动态的过程，教师只有根据班级实时情况，采取适当的手段与措施，带领全班同学对班级中的各种资源进行计划、组织、协调、控制，才能实现教育管理目标。总之，以变应变，最终目的是使我们的学生在这个动态的过程中得到充分、全面的发展。

教师成长感言

第一时间知道自己加入了名班主任工作室的时候，内心是充满期待的，它预示着我的职业生涯进入了新的成长阶段。莫老师和蔼亲切，工作室小伙伴虽然来自不同的学校，但是大家都那么真诚、可爱。在导师的引领下，同伴的互进互促中，育人理念、带班方略、课程建设……像一颗颗散落的珍珠被串了起来，我开始思考"一班一品"，阅读更多的专业书籍，承担课题，对自己的专业成长有了更高的要求。感谢工作室，感谢莫老师和小伙伴，在这里，我们和谐共生，馨悦成长！

重庆市渝中区人和街小学　荷香中队　罗　璇

班级“网红”诞生记

【导读】陶行知先生说：“活的教育，好像在春光之下，受了滋养似的，也就能一天进步似一天。”作为一名教师，我们面对的每个孩子都是鲜活的个体，要让他们一天比一天进步，关键是要唤醒他们自我成长的力量，让他们在经历中找到自己存在的意义和价值。

“班帅”小包

开课 5 分钟后，“班帅”小包气喘吁吁地打着报告站立在教室门口，这已经是他第 n 次迟到了。一声“请进”后，他淡定地走向自己的座位。我故作镇定地讲着朝会的内容，内心却波澜起伏。这个孩子存在太多问题：拖沓懒散、毫无时间观念、课堂上经常睡大觉，整天驼着背无精打采、作业书写差、不完成家庭作业……虽然已经批评过他好几次了，我也多次向家长反映过他的这些问题，但家长总不当回事，孩子没有任何转变。他的这些行为让他在班上受到很多负面影响，班上的孩子大多对他视若无睹。一直以来我对他出现的问题采取的都是严厉批评，他也早已对我咆哮式的处理方式产生了“抗体”。这时叶圣陶先生《四颗糖果》的故事在我脑海中闪过，我想到，或许换个方式来对待他，会有不一样的效果吧。

下课后，他惯例低垂着头跟随我来到办公室。我一改往日的威严，温和地问道：“怎么我们的门面担当又迟到了呢？”他一脸的疑惑，大概不明白什么是“门面担当”吧！我见和他有话可聊，心中暗喜，递给他一面镜子，说“喏，看看这张帅气的脸，当之无愧的年级第一帅！”他照着镜子，脸上露出害羞的笑容。这时，我顺势递给他一颗糖果看着他说道：“今天你比昨天有进步，因为你知道跑着来上学，这颗糖果奖励你！”此时，他抬起头来，眼里闪过一道光，接过糖果腼腆地回应我：“明天我不会迟到了！”对于他的承诺我倒有点吃惊，毕竟以前从未有过，对此我将信将疑。

第二天，小包同学踩着铃声进了教室，我在班上大力表扬了他一番，这一番表扬给了他极大的鼓励，在很长一段时间他都履行了承诺，没有迟到。与此同时，我也在电话中向他的家长及时反馈孩子在学校取得的点滴进步。他的改变让我对自己的教育方式有了新的认识：对待孩子的错误要严肃认真，但并不意味着要摆出一副高高在上的样子，把他们当犯人一样来审判，更不能无视孩子的错误，而是要用爱和鼓励等待他们的成长。

小包的表现让班上的孩子也逐渐对他产生了新的认识。但好景不长，这样的局面很快被一场班级风波打破。

一场风波

"黎老师，你快去看看吧，班上出大事了！"我赶紧放下手里的工作直奔教室。在我面前的小包同学像发怒的狮子一样，眼神里充满了愤怒，他凶狠地瞪着班上的同学，拳头也攥得紧紧的，同学们都怯生生地躲得远远的。见状我第一时间安抚了他，在他平复了情绪后我把他带到办公室，详细了解了事情的原委。原来当同学们得知他有一个当"网红"做直播的梦想时，大家都嘲笑他："你学习成绩那么不好，是要让大家都知道吗？你可以直播作业怎么乱做，字怎么乱写！还可以直播课堂怎么睡大觉……"他委屈的泪水夺眶而出。同学们刻薄的话语几乎将他这段时间的努力全部给否定了，对于他来说这哪里忍受得了？事后，我严厉批评了那几位同学，他们也认识到了事态的严重性，纷纷向小包道了歉。

事情看似有了了结，但我知道这件事情背后反映出班级存在的几大问题：学生们还不太会真正善待他人；他们对于"理想"二字的认识存在刻板印象。

关于"网红"

互联网时代短视频的出现丰富了人们的见闻，同时也影响着人们的生活，刷视频、看直播早已成为了人们生活的一部分。在各个网络平台上也涌现出了一大批"网红"，他们在一定程度上影响着整个社会的价值观。我从小包的口中了解到他的父母由于长期在外工作，很少在家陪伴他，因此在家刷视频、看直播早已成了习惯。在他眼里，"网红"直播是很挣钱的，而且不需要付出太多的努力。听到他的这些话语，我不免心中"咯噔"一下，意识到教会孩子树立正确的价值观才是实现理想的第一步。

在此背景下，我召开了"我的理想 我的强国梦"的主题班会，班会课上孩子们畅谈了自己的理想，老师、警察、医生、科学家……"那当网红就不可以成为理想吗？"我的这个提问得到了如下回答："老师，'网红'只是昙花一现，现在很多'网红'都只是为了博人眼球来赚取流量的，没有实质性的意义；'网红'在社会上起不了多大作用……"虽然他们的理由听起来有道理，但是都太片面，而且缺乏说服力。

让学生实现自我价值就必须唤醒学生自我成长的力量，让学生在自觉的历程中找到生命的意义和存在的价值。针对班上学生以及小包同学对"网红"的片面认识，我特意为他们讲了将美食和中华文化传播到海外的李子柒、凭借纯真质朴的笑容意外走红而带动整个四川旅游发展的丁真、被网友亲切地称为"90后梗王"的袁隆平……孩子们对"网红"产生了新的认识：成为"网红"可以是一种理想，但必须传播正能量，能对人们产生积极影响的"网红"才是真正的网络红人。有了这样的认识基础，小包同学也结合自己身上存在的问题，意识到同学们之前对他的嘲笑并不是毫无道理。从那以后我看到了他更多的改变，他的字写得逐渐工整了，课堂上大部分时间能端正坐姿、认真听讲了，也不再迟到了……

班级"网红"的诞生

为了圆他的"网红"梦，我将班级中看似简单实则需要细心的"植物养护员"这一岗位交给了小包同学，并告诉他这个岗位的重要性。同时，我积极地与家长沟通，希望他能尽可能地发挥好自己的监管作用，管理好孩子合理使用手机的时间。此外，我还动员家委会的负责人开通视频号，记录孩子养护植物的过程以及植物的生长变化。植物在他的养护下越来越有生机，教室里那绿得鲜艳、长得茂盛的绿植，在学校"最美教室"的评比中为班级增色不少，发布的视频更是获得了无数的点赞，我们班的"网红"就这样诞生了。

他的这些改变也在悄无声息地影响着整个班级，学生们也开始在各方面积极踊跃表现自我，劳动、学习、手工……"网红"之花开遍班级。学生们在这些过程中学会了与他人友好相处，更重要的是他们找到了实现自己价值的途径，更体会到了这一过程给自己带来的成就感。

学生们的转变让我领悟到，恰当的教育方式正如温暖的春光，能唤起他们自我成长的愿望，个体的自我成长可以散发出很大的力量，进而带动整个集体的成长。

作为教师，我们很多时候都会对学生产生刻板印象，常常会习惯性地给学生贴标签，把他们分类。真正地教育是用心来对待的教育、是平等的教育。作为教师，我们应该打破刻板印象，多站在学生的角度去思考，以生为本，与学生平等对话，积极去发现每一个学生身上的闪光点，助力学生成长、进步。

▨ 教师成长感言

学习是一个不断自我更新的过程，加入工作室让我有了一个很好的学习机会。经过一段时间的学习后，我感觉自己的班主任工作也变得有法可依，有迹可循了。工作室的每一次专家讲座让我学习到了系统的班主任工作理论，工作室的活动拓宽了我的班主任视野，工作室中和小伙伴们的每一次交流丰富了我的班主任管理经验。加入工作室也让我也明白了，唯有不断地学习才能促使自己成长，不仅自己受益，还让学生受益。

重庆市渝中区肖家沟小学　小苔花中队　黎　敏

插上"绘"飞的翅膀

【导语】阅读使人明理，阅读使人聪慧。绘本因丰富的画画，少量的文字配合说明，吸引着孩子们的阅读兴趣，潜移默化地提升其精神境界，健全其人格。绘本世界像一个巨大的宝库，还吸引了一群有爱、有为的教师在此开垦挖掘、播种耕耘。绘本像一把神奇的魔杖，帮助、见证了"中华星"的蜕变和成长……

9月　序幕

开学季，伴着桂花的馨香，校园里迎来了一群"小萌宝"。

刚进入小学的他们有很大的表达欲，课堂上几乎每一个学生都争先恐后地发言。当一个学生回答完，立刻就有一群学生一边把手举得高高的，一边嘴里发出"我、我、我"的争抢声，生怕我看不见他。

正当我为班级这种乐学好问的氛围沾沾自喜时，一次偶然的机会，我发现并不是所有学生都愿意或者敢举手回答问题。这天学习汉语拼音，正要进行拼音"大转盘"的挑战游戏，大多数学生都想要勇敢尝试这种新鲜有趣的拼读方式。由于想要分享的学生太多，我让他们进行同桌挑战。当我走到学生身边去聆听时，小睿告诉我，他的同桌小森一直不愿意拼读。

"我一直想挑战举手回答，可是我不敢，我害怕拼读错了同学们会嘲笑我。"小森是个女孩子，说话时一直埋着头，揉搓着自己的手指头，声音小得我要俯下身才听得到。折让我觉得有些羞愧，我没有在课上关注到每个孩子的情况，我忽略了那些羞涩、胆小的孩子。

10月　播种

怎么才能让每一个孩子克服害怕表现的情绪，阳光自信地展示自己？我尝试着鼓励她，一次又一次，但到最后不但没有换来她开口，反而换来了她的号啕大哭，情绪彻底失控。

在班主任工作坊的一次培训会上，心理导师讲到了绘本在疏导孩子情绪上的好处，这让我茅塞顿开。我们学校每间教室都有一本精彩的绘本，我们班教室墙面上就是《在教室说错了没关系》，可不可以就用这本绘本作为教育的突破口？《在教室说错了没关系》是一本充满温柔情意和纯真趣味的绘本，它鼓励孩子们在教室里大声把自己的想法说出来，用一种温和且坚定的语气告诉学生们：教室是学习的地方，别害怕说错，别笑话别人说错，尽管安心地大胆地举手，尽管安心地说错吧！于是，我特地利用绘本阅读课，带着孩子们一起阅读绘本。

整堂课，我并没有讲绘本故事，只是对他们不认识的字做了提示。孩子们安安静静地阅读，时而学着绘本上的小朋友举举手。我发现小淼也看得特别专心，好几次都偷偷地伸出了手，看得出她的内心在经历着挣扎。

绘本借助文字与图画的融合，提高孩子对于知识的理解，在一定程度上满足了现阶段孩子的情感、知识、价值观等多种成长需求，的确具有其他教育方式所无法比拟的价值。

十月，我班学生在《菲菲生气了》《我的情绪小怪兽》《我大喊大叫的一天》等一本本精彩的绘本中遨游。通过整合动画和音乐等多媒体资源，绘本故事和情节更直观、更形象地得到展现。家长也带着孩子阅读绘本，在温馨的家庭氛围中交流体会，增进了孩子和父母之间的感情。这难道不是最好的培养积极情绪的方式吗？

11 月　浇灌

绘画是孩子情绪的一面镜子。当他们欣赏了许多绘本之后，对于绘本中夸张并且有趣的画面就有了感受。

"近一个星期有哪些让你生气的事情，你生气的时候会怎么做？请你用绘画的形式表现出来。"时机逐渐成熟，我想引导学生通过绘画去表达自己的情绪。

有个孩子在绘画本上画出了一个很凶的男生，旁边还有一个小女生坐在地上哭泣，手上还拿着一把被折断的尺子。

我看出她内心的不良情绪，悄悄问她画中的故事。她的双眼微微发红，说："他没带尺子，就来抢我的。我抢不过他，又不想给他，最后就把尺子折断了。"

"同学之间相处难免会发生一些磕磕碰碰，看看《再见了，坏情绪》，你们能不能找到更好的方式解决矛盾？"

后来，她在那幅画上继续画：一个小女孩微笑着把尺子递给了同桌的小男孩，旁边还配上了一句话——"我们一起用吧！"

学生们处理矛盾的方式也如雨后春笋般涌现出来，有微笑着握手言和的，有互相道歉"对不起"的，有送小礼物表达歉意的，有请求老师帮助协调的……绘画成了学生们抒发情绪的方式之一。

12 月 收获

如何检验一学期绘本阅读给学生们情绪发展上带来的效果，我想到了编排绘本情景剧，让学生在角色扮演中体验不同情绪。引导学生从动作、语言、表情等外显行为来表现绘本中的主人公，让他们在表演中亲身体验并且理解不同的情绪，同时引导他们用自己的方式表达内心的情感。如看了《我好嫉妒》这一绘本后，经过征求学生的意愿，我让嫉妒心比较强的学生扮演绘本中的熊宝宝，这样一来他们就会认识到其实这种心理谁都有。再经过和家长的引导，学生找到了让自己不再嫉妒的方法，最后他们也明白了，原来这种不良的情绪可以用很多方法去排解。通过这种亲身体验，学生明白这种心理虽然没有人喜欢，但是每个人都可能会有这种心理。这样一来，他们渐渐接受这种心理，然后不断想方设法去克服它。

通过定期开展绘本阅读分享，班级也悄然发生着一些变化。

苏妈妈发来微信欣喜地告诉我："老师，自从读了绘本以后，孩子在家像变了一个人，当他的愿望没有得到满足时，不会像以前那样靠捶桌子来宣泄了，而是在要生气的时候做几个深呼吸，之后会采取沟通的方式和家长表达自己的诉求。"

是啊，不仅是他，班级里学生间发生了矛盾，学生们有的会给对方画一幅画表达自己的歉意；有的会模仿着绘本里的表情，幽默风趣地化解；还有的会运用绘本里的语言向对方当面表达……绘本阅读让学生学会了情绪控制，指引着他们的行动，使班级的氛围变得更加和谐。

▨ 教师成长感言

能够和一群热爱班主任工作的教师们共同学习，对我来说是一种幸运。在这里，我聆听专家、名班主任的无私指导、建议，学会了科学、有效的管理方法、与家长无障碍的交流方式，这是一笔巨大的财富。同时，在这个平台上，我能够向更多优秀的班主任学习、交流、讨论，这是一种幸福。我们在互助中前行，在聆听中进步，莫小华名班主任工作室为我的教育工作注入了新的活力。

重庆市渝中区中华路小学校 "绘"我中华星班 唐 东

"小狮子"进化记

【导语】班级里总会有一些特别有个性的学生，在处理他们在班级里引发的问题时，要从多个角度去分析和考虑。深入家庭，加强家校沟通，往往能找到最根本的原因。学生任何行为方式的改变都需要一个长期的引导过程，坚持家校合作，才能对其起到最大的作用。

森林属于大自然，在森林里有着各种动物、植物，有威风凛凛的老虎，有可爱的小兔、美丽的花朵，也有不起眼的小草。虽然它们各有不同，但都是大自然中不可缺少的一部分，都有着存在的价值和意义。班上的孩子也是如此，不管家境、长相、能力如何，我希望他们都能在"小森林"里愉快地学习，健康成长，找到自己存在的价值和意义。

"小狮子"就是其中一员。

"王老师，小郭又生气了，他……他竟然把椅子搬起来举过头顶，差点向小张扔去，你快去看啊！"说完，小代匆匆忙忙跑回教室，我也快步赶去一睹究竟。

刚到门口，只见小郭双眼通红，目光凶狠，直勾勾地看着小张，嘴里还不停地喘着粗气。小个子的他真把椅子高举过头顶，俨然是头小狮子。我跑过去，立刻制止了他，让椅子平稳落地。

而小张，一副吓蒙了的样子，眼睛睁得大大的，不知该如何是好。后来经过沟通，才知道，只是关于椅子下的垃圾是谁扔的这个问题，他俩互不承认，才发生了冲突。我安抚了他们的情绪后，又找他们各自沟通，并利用班队会跟学生们讲解，面临这种情况时该如何处理：宽容使人快乐，教室是大家学习的地方，如果发现自己座位底下的垃圾，主动捡起来扔掉就是；如果是谁故意乱扔，就提醒他，或者告诉值日的同学，告知老师教育批评他就是。我相信大部分学生都能做到这样，也从不跟同学发生冲突，而这头"小狮子"偏偏会与同学起冲突，不但如此，而且新的问题又产生了。

"老师，那个小郭到底是怎么回事，我们家孩子回来说她老是被小郭欺负。"电话那头是爱女心切的小丽爸爸的声音。

"好的，我去了解情况。"

我静静地在教室观察了一天，发现两个孩子并无交集，而女生并不像家长说的那样怕小郭，下课依旧玩得很开心。直到延时课的时候，有位学生跑来跟我说："小郭写完作业一直在那儿画画，还让同学签名。"我走过去拿来一看，上面画着一个小女孩，旁边写着：小丽是丑八怪。下面还有好几行同学的签名。我看着他，他也盯着我，并没有觉得自己做错了什么。经过沟通，他才坦白是因为小丽跟老师告状，所以他才要"报仇"。

那段时间，小郭就像失控的"小狮子"，隔三岔五就会跟同学发生冲突。我发现，光是安抚和说教并不能从根本上解决问题，于是，我开始从家庭入手。

通过与他父母交流才发现，一方面他爸爸妈妈在教育孩子的态度上很不一致，妈妈非常严格，爸爸非常宽容，奶奶特别溺爱，且一方在教育孩子时，另一方经常横加干涉，缺乏明确的规则约束。同时，爸爸妈妈工作较忙，没时间陪孩子，一听到老师反映孩子的情况不好时，回家妈妈就会打骂，孩子很怕妈妈。父母不一致的管教方式，让孩子无所适从，同时打骂的方式也潜移默化地影响了孩子，让孩子形成了错误的认知，认为暴力是解决同伴关系的一种方式。孩子在集体中没有归属感和价值感，内心归属和爱的需要没有得到满足，这也是激发他攻击性行为较多的一个原因。另一方面，正处于三年级的他非常需要同伴的支持，需要朋友，但在班里几乎所有人都排斥他，没有人愿意跟他做朋友。他非常需要大家的关注，经常会以一些过激的方式吸引大家的注意。这孩子没有学会怎样表达自己的情绪和缓解不良情绪。在学校他没有安全感，不相信老师和同学，回到家爸爸妈妈也没有时间了解孩子内心的感受，有问题时非打即骂，长此以往，孩子内心的情绪没有一个良好的发泄管道。

于是，我开始与他的父母沟通，需要他们双方平衡彼此的管教态度和方式，达成共识。在多次和他父母沟通时强调，父母一致的管教方式对孩子来说很重要。一方教育孩子时，另一方就算有反对意见也不要当着孩子的面说出来或大吵，两个人要达成一致的战线，一起面对和解决孩子的问题，不在孩子面前评论或否定另一方的教育方式，并做好亲子约定，合理运用奖惩措施。与孩子一同制定规则，家长与孩子共同遵守，当孩子做得好的时候，及时进行奖励、强化。当孩子没有做到时，惩罚也不是以体罚为主，而是取消奖赏，如以孩子喜欢做的事情为奖励，以取消孩子喜欢做的事为惩罚。耐心与孩子沟通，多点时间陪伴孩子，倾听孩子内心的声音。多和孩子谈心，了解孩子行为背后的动机，特别是当听到孩子犯错时，不要非打即骂，而是引导孩子承认错误，并为自己的行为负责。

我也定期与小郭进行沟通，进行疏导教育，耐心地聆听他内心的想法。同时告诉他，武力不是解决问题的最佳方式，可以尝试用语言解决问题，并将武力解决问题的后果与他一同探讨，适当地进行法律常识教育，明白打人、毁坏东西等错误行为后果的严重性。

进行合理宣泄情绪训练。与家长一同制定了孩子的每天情绪记录表，让孩子每天对自己的情绪打分，做得好的加分，对引起自己情绪不好的事情进行分析，引导学生正确地发泄自己的情绪。

进行事后训练。当学生出现攻击性行为时，将其带离现场，待他情绪平复后，一起探讨做法的对与错，并指导他在之后遇到这样的情境时正确的应对方式，甚至有时还通过角色扮演进行教育疏导。

利用班干部身份，帮助孩子重新树立形象。根据他的特长，让他担任宣传委员，带领其他同学一起出黑板报，让他在大众面前树立正面形象，在这过程中不断地强化和奖励他好的行为表现。同时引导其他同学多去鼓励和帮助他，让他感受到集体的温暖，在班级里找到归属感和价值感。

经过一年的引导、教育，他也渐渐感受到了老师对他的关心和爱护。他在学校的安全感有所增加，和同学的冲突减少了，攻击性行为也少了，在班里还找到了知心朋友，同学们也愿意和他交往。学习成绩虽然有上下浮动，但整体进步比较大。

孩子的心理健康发展离不开父母和学校的相互配合，还有孩子自身愿意改变的动力。作为一个班主任或心理老师，要激发孩子向上的内驱力，同时学校、家庭合力，才能更有效地解决问题。孩子问题不是一朝一夕形成的，解决的过程也不是一帆风顺的，要允许和接纳孩子的"反复"，给予他时间"修复"。

▓ 教师成长感言

加入工作室前，自以为教育就仅仅是教书育人，还时常把教育的失利归咎于家庭、社会、政策，会怨天尤人地抱怨一个个解决不了的教育难题。经过在工作室的各种研修：集中学习、网络学习、沙龙研讨、外出观摩等，让我对班主任工作有了更全面、更专业的了解，才逐渐认识到教师除了教书育人，也是在关照自己的内心世界，不断发现自己、反思自己、悦纳自己，再去悦纳学生的一场人生修炼。我愿继续带着初心，在班主任岗位上默默耕耘！

重庆市渝中区大同路小学　小森林中队　王　莹

劳动，让孩子成为更好的自己

【导读】现在的小学生们大都劳动意识淡薄，自理能力差，如何让他们掌握基本劳动知识技能的过程中领悟劳动的意义价值，我进行了系列尝试。一方面通过主题班队会进行劳动教育，另一方面通过明确要求、示范演示进行劳动技巧指导，要求日常劳动人人参加、人人有岗，养成了学生良好的劳动习惯。

学生们一年级刚入学时，我发现很多孩子在家里受到父母及长辈们的宠爱，没有太多机会劳动，导致劳动意识匮乏。还有一部分学生抵触动手劳动，认为自己的任务是学习，劳动应该由家长完成。结果，班里每天做清洁时，很多学生都不会做，甚至希望自己的家长来帮自己做。如何帮助孩子们树立正确的劳动观念与习惯，掌握必备的劳动技能与劳动知识，成了一个急需解决的问题。

为了在班级中建立起崇尚劳动的良好风气，让学生养成热爱劳动的好习惯，我在班上召开了一次"劳动最光荣"的班会。首先，我给孩子们讲劳动模范以及他们的先进事迹，通过听故事，劳动对他们来说不再是一个个空泛的标语，学生们逐渐树立起了劳动最光荣的观念。接着，我让学生们发现身边默默奉献的劳动者，认识到劳动者所付出的每一分努力都值得被称赞，以此激发起他们对劳动的热爱。然后，我播放了部分孩子利用周末时间在家做劳动的视频或照片，还有在学校参与劳动的照片，肯定他们热爱劳动的精神，让学生们知道做力所能及的事情就是参与劳动最好的形式。最后，我根据学生的人数和学生的动手能力，制定了一个班级清洁安排表，每个孩子都选择一项劳动任务，做到人人有责。刚开始有的学生不会做，我就手把手地教，让相同任务的孩子比一比，看谁学得快、谁做得好；如果有学生忘记自己的责任，教师和小干部就多提醒。同时，我也有意识地加强家校合作，转变家长对孩子参与劳动的观念，使家长明白劳动在孩子学习、生活及未来发展中的积极意义，让家长成为孩子做家务劳动的指导者、协助者和监督者，共同引导学生参加力所能及的家务劳动。

经过一段时间的训练，学生们都初步养成了良好的劳动习惯，劳动积极性提高了，每位学生在班级中都有了一件自己最擅长的事，哪怕只是一项很简单的劳动任务。这既训练了学生的动手能力，增强了他们的自信心，也让学生在班级中找到了自己的价值感和归属感，班级的凝聚力也更强了。

在班级卫生慢慢走上正轨后，有个小男孩引起了我的注意。他经常丢三落四，要么忘带书本作业，要么抽屉里是乱糟糟的，甚至常常找不到铅笔、直尺。还有同学抱怨他总是弄得桌子上到处是水。原来是他做清洁时，负责擦桌子，由于他不会把帕子拧干，洗了帕子后随便甩两下就开始擦桌子造成的。我还发现，他的作业书写很糟糕，写字的速度也比较慢，做作业总是比别的同学多花很多时间，他的父母对此也很无奈，总感觉自己的孩子懵懵懂懂没长大，一说到他也直摇头。

经过了解，我才知道这个孩子的父母平时工作比较忙，他从小跟着老人长大，几乎是"衣来伸手，饭来张口"，除了学习，家里的其他事都不用做，所以生活自理能力比较差。经过深入观察后，我还发现，他因为动手能力的欠缺，导致手部的发育慢于同龄人，所以写字的速度也比较慢。于是，我给这个孩子安排了一项独一无二的劳动任务：每天班上同学做完清洁后，他负责把班级卫生角的帕子都洗一遍，拧干，挂好。刚开始他不会拧帕子，我就把他带到洗手池边，一遍一遍地教。我也和家长达成一致，在家也有意识地让孩子做一些力所能及的家务劳动。

就这样训练了这个小男孩一个学期左右，他洗帕子越来越熟练，这项劳动任务也完成得越来越得心应手。我看到班级卫生角的帕子总是洗得干干净净，挂得整整齐齐，小男孩的课桌桌面越来越整洁，再也没有同学抱怨他擦桌子时把水弄得到处都是了。同时，我还看到这个小男孩做作业的速度越来越快，成绩慢慢进步，对学习也越来越有信心，连家长都欣慰地说："感觉孩子长大了，越来越能干了。"

一天，我居然发现班上卫生角每一个挂帕子的挂钩旁都贴了一个小标签，上边分别写着：饭桌、讲台、黑板、门……字写得歪歪扭扭的，一看就是那个小男孩写的。他在为班级做完清洁后，还在想办法把事情做得更好，为班级做更多的事！曾经连自己的事情都做不好，如今不光做好自己的事，还想着如何更好地为集体服务，这个小男孩有这么大的转变，可以说都是劳动的功劳。

劳动，让孩子劳有所为，劳有所获，让孩子成为更好的自己。作为"五育"组成部分的劳动教育，它对学生的全面发展确实起着重要的作用，能促进孩子们健康快乐地成长。

教师成长感言

每一位学生、学生的每一天都是不同的，因此班主任工作要在不断地学习与反思中前进。自从有幸加入莫小华名班主任工作室，在莫老师的引领下，我阅读了更多的专业书籍，接触到了更多的教育理念，也认识了更多好学上进的优秀班主任，我在这个团队中不断收获，不断成长。"问渠那得清如许，为有源头活水来"，学无止境，让我们在这个团队中共同携手共进，馨悦成长！

重庆市精一民族小学校　石榴中队　梁晶晶

花开有时　从心出发

【导语】教育，是一个循序渐进的过程。教育需要耐心，需要智慧，需要等待。等待孩子慢慢成长，就像等待种子慢慢地破土发芽一样。

"小时候，我以为你很神气，说上一句话也惊天动地。小时候，我以为你很神秘，让所有难题成了乐趣。"是啊！长大后我就成了你。还记得十几年前青春洋溢的我充满了对教育事业的热切向往，毕业之后，便毫不犹豫地走进了挚爱的校园，满怀期待与憧憬，愿育桃李芬芳。

初为人师，体验"辛苦"

本以为只要辛勤的耕耘、播种、培育，就能收获教育的幸福。可"理想很丰满，现实很骨感"。刚进学校的我希望与学生多一分亲近与信任，建立民主、平等的朋友关系，于是按照自己理解的"平等"去开展班主任工作：课间，我和学生们玩在一起；班级活动时，我是积极的参与者，给学生足够的自由。学生有问题时，也尽量和风细雨地教育。年长的同事说："你太温柔了，学生都不怕你。根本看不出你是老师。"开始，学生把我当大姐姐看，他们乖乖的、很听话，我也乐此不疲。后来，他们发现我这个大姐姐很好说话，于是上课随便讲话、作业不完成、不遵守课堂规则的情况越来越多，班级也越来越松散，到后来发展到每天班级都会有新问题出现。

有一天在课堂上，几个学生讲话，经提醒多次还不停，我终于失去了耐心，发了火，劈头盖脸地大声训斥了学生，班级突然就安静了下来。学生"怕"我了，上课也不敢随便讲话了。当时我就感受到：耐心的说服教育往往抵不过"怕"字的压制效果。

于是，后来一段时间，我改变了策略，对学生"凶"，试图镇住学生，让学生怕我，把每天大量的时间都花在批评教育学生身上。可是，尽管这样，学生仍然不是真正地畏惧我，"怕"也仅仅在当时那几分钟。学生们像一群不听话的"猴子"，而我是一个失败的"驯猴员"。没料到上班才两个月的时间，我就变成了霜打的茄子——蔫儿了，并深刻体会到当班主任的辛苦与不易。

坚守初心，尝试蜕变

我的变化源自我成了一位母亲，做母亲给我带来新的成长动力，使我更关注孩子的成长过程，更能从母亲的角度看待孩子成长中遇到的问题，而且在阅读中遇到了《T.E.T. 教师效能训练》《走进生命的教育——教练型班主任专业修炼》这样的优秀书籍。我尝试在班级开展教练式管理，将教练型班主任的九条基本信念作为我精神上的支持，无私、平等、宽容，有温度又有"尺度"。我开始思考创建班级文化，和孩子们、家长们达成共识，给班级取名为"星星河中队"，寓意童年是欢乐的星河，每个孩子是星河里闪亮的星星。将班级建设目标定为：创建温暖、向上氛围的班级，培育乐观、自信的儿童，使班级成为温馨、相互理解、安全和成长的乐园。

花开有时，从"心"出发

大教育家乌申斯基曾有过这样一段话："教师个人的范例，对于学生的心灵是任何东西都不能代替的最有用的阳光。"低年级的学生会很在意班主任是一个怎样的教师，他们会留心观察班主任的每一个动作、每一个眼神、每一种表情，会细心倾听班主任的每一句话，他们对班主任有着一种特殊的信任和情感。因此，在班级工作中我时刻注意自身形象，事事从我做起，以良好的形象率先垂范，潜移默化影响着我的学生。凡要求学生做到的，我首先做到，并且做得更好。

学生良好的行为习惯的养成不是一节课、一两天说说就行的，它必须贯穿在整个管理过程中。由于低年级学生自觉性和自控力都比较弱，避免不了会出现这样或那样的错误，这就需要班主任耐心地反复提醒，等待学生慢慢地变化。

当我再一次接手新的一年级时，面对班级的各种问题，我从容了许多，更能关注到学生的情绪，也更有耐心给学生们更多成长的空间。例如我班的一位小女孩曼曼，她在班级里并不受同学们的喜爱，原因是她学习比较吃力，反应好像很"迟钝"似的，上课时注意力总是不能集中，甚至不能好好地坐在椅子上，还会时不时制造一些小纸屑扔在地上。她不爱说话，班级里的活动她都不愿意参加，同桌总是抱怨她爱玩口水，多次跟老师投诉不想和她当同桌……她就是这样一个既不受老师"喜爱"、也不被同学接纳的孩子。当我刚接手这个班级时，很快就留意到了这个显得有些"与众不同"的小孩。于是，她成了我时常默默关注的对象。课堂上，我会时常对她影响课堂的行为进行提醒，有时我会不经意地走到她身边，轻轻地拍拍她的小手，有时会摸摸她的头，示意她把不属于课堂的小东西收下去，有时会上前轻柔地扶正她或趴着或跪着的身子，提醒她看着老师，有时一堂课得提醒她好几次。

让我印象最为深刻的是她写的生字。在曼曼的拼习本上，很难看到一个书写规范的生字，笔画们仿佛互相排斥，无法和谐地组合在一起。一些复杂的笔画对于曼曼来说就更难了，她总是没办法把字写正确。记得有一次，批改她的作业本时，我请她站到我身边，并用红笔在拼习本上示范如何正确书写，孩子连连点头表示明白了，接着回到自己的座位改错。不一会儿，订正后的生字本拿上来了，我一看，呀！这不仍然和之前的错误一模一样吗？我意识到这个孩子只靠老师示范是很难写正确的。于是，我握着她的手，带着她一笔一画用正确的笔画、笔顺书写生字，让她的小手直观地感受正确的笔画是怎样书写的，她又点了点头，表示已经知道该如何书写了。这次我没让她回座位改错，而是请她就站在我身边写一写。随着她的每个落笔，铅笔仿佛根本不听她的话，一下笔，又是错误的笔画……就这样，一次作业要反复纠正好多次才能写正确。而且，过几天再次遇到这个生字时，仍然会出现同样的错误。这样的情况难免让人生气、失望，但我静下心来思考曼曼的情况，认为这个孩子需要得到一些更专业的帮助。于是我及时跟家长进行沟通，建议家长带孩子到医院听听医生的建议。经过专业的诊断后，医生的反馈是孩子并没有达到注意力缺陷的程度，主要问题是行为习惯不好，需要进行纠正。听到医生的判断，家长和我都放心了许多。在接下来的学习生活中，当她出现不良行为时，我依然不断耐心地提醒她，只要改正过来即可，并不过多批评。对于她写的生字作业，很多时候仍然需要反复纠正错误笔画，但不要求她达到她难以企及的书写工整、规范、美观的目标，只要她订正了，我仍然会在她拼习本封面上奖励一颗作业星。就这样，经过一年多的时间，在二年级下学期的一天，我突然惊喜地发现曼曼书写的生字规范了许多，拿着她的拼习本，差点没认出来是她写的生字。不仅是作业，曼曼的其他行为习惯也逐渐良好、规范起来，开始慢慢地融入班集体。她有了课间时常一起玩的朋友，在老师的鼓励下也愿意参加班级的各种活动了，比我刚认识时，她各方面都有了很大的进步。

作为教师，我更加坚信每个学生都是独一无二的，我更愿意将班主任工作当作是"唤醒生命"的历程。孩子的成长，离不开温情教导，离不开严中有爱，离不开鼓励和思考，更离不开耐心的等待。是啊，作为一名班主任，我愿陪伴孩子们一起经历生命的成长，静待每朵花开！

教师成长感言

2021年秋季，我有幸参加了莫小华名班主任工作室的研修，由此开启了一条向优秀班主任学习、向专家学习的班主任自我成长之路。在研修中，莫老师引领我们以《中小学德育工作指南》实施手册为准则，从提升班主任六大育人能力为目标，聆听了多位专家名师的讲座，阅览了一系列专业书籍，参与了沉浸式学习的活动课程。莫老师的温润、亲切的人格魅力如同涓涓细流滋润着我。有输入就要有输出，学以致用才是最有效的学习。一次次的学习感悟、一篇篇育人故事、班级活动案例、班级管理论文⋯⋯在莫老师的鼓励督促下，从教育观念到行为，学员们悄然成长着。感恩遇见莫老师和她的馨悦坊，成长仍在继续！

重庆市精一民族小学　星星河中队　廖　欣

小蜗牛在成长

【导语】教育的艺术在于鼓舞和唤醒，对于班级后进生的转化，老师必须因材施教，多关注闪光点，主动联合多方力量，使得孩子感受到班集体和老师的关爱帮助，从而健康成长、不断进步。

刚刚接手这个班级时，他就引起了我的注意。他那小小的个子，经常缠着老师求助："老师，我的饭盒打不开；老师，我没有橡皮；老师，书翻到哪一页……"说真的，尽管"阅生"无数，对这个小 Y，我还是抓狂的。

在和他家长的沟通、交流中了解到，孩子年龄在本批新生中算大的，之所以身体瘦弱，是因为从小生病；之所以上课常开小差，是因为生病所以家长忽视了对孩子的常规要求；之所以写字潦草，是因为体格小导致手掌小，所以握不住铅笔……总之，问题不少。作为班主任的我该怎么办？我想，需要思考些独门"招数"。

"第一招"：常态化的家校沟通

教育家苏霍姆林斯基认为，学校和家庭是两个教育者，不仅要一致行动，要向儿童提出同样的要求，而且要志同道合，抱着一致的信念。在具体教学过程中，如遇到不配合的家长，教师也是无可奈何的，庆幸的是学生小 Y 的妈妈很配合老师。

开学几周后，小 Y 妈妈就主动联系我，表示希望在某天放学后一个时间段来学校与老师面谈一次，当时的我有些疑惑，什么重要的事不能借助微信、电话沟通？直到那天放学后的见面，我才理解这位妈妈的用心。她这个儿子身体不好，虽然在同年级学生中年龄偏大，但实际身高却远低于同龄人，需要打激素针促进骨骼发展，也就是"长身高"。不仅如此，我很快发现这个孩子没有规矩，日常上课的"静息""端坐""扶书立起来读"……他都比同学慢 3 拍，课堂上也总是东张西望，俨然一个"自由人"。我把这些情况告知小 Y 妈妈后，她充满歉意地说："因孩子自小身体不好，所以对他的行为纪律方面束缚少，只希望他健康成长。而体检时又发现孩子体内铅含量超标，因此容易出现注意力不集中，好动等表现。"在接下来的交流中，我告诉小 Y 妈妈，学习和健康并没有太大冲突，我们不能因孩子身体的客观条件而放弃对他其他方面的要求，毕竟孩子以后要成长为一个"社会人"。长达 2 个多小时的交流后，小 Y 妈妈表示今后一定会配合老师，从各方面都严格要求孩子。

"第二招"：争取科任老师的支持

科任老师来班上上课的时间一周就那么几节课，可是他们上完课后都不约而同地提到了小 Y，"这个孩子让人有些恼火呀""他个头好小""一节课下来就他坐不住"……听到这些投诉，作为班妈妈的我只有无奈苦笑，客观存在的这些情况是他在一年级入学前就形成了的，现在进入小学，各方面要求都很规范，这时候孩子就显得格格不入了。负责任的科任老师们要管理班级就免不了要批评提醒，而小 Y 被如此经常性地教育后，有些自暴自弃，觉得自己反正就是这个样子，越发没有纪律性。然而在我的一次语文课堂上，突然发现小 Y 一个汉字书写得非常不错，于是我在全班表扬了他，下课了他居然破天荒地把那整页字给我看，希望老师多表扬。是的，每一个孩子都希望得到老师的表扬，看到他的这种情况，我知道应该怎么和小 Y 打交道了。科任老师所教班级众多，他们不清楚具体某个学生的特殊之处。于是，我积极和各科老师沟通，告诉他们小 Y 的情况，商量共同教育之法。

制定班级小红花制度，让所有学生明白，获得科任老师表扬和班主任的表扬具有同等效力。我经常告诉学生们，作为班主任，我关心每一个学生，也会经常和科任老师交流每人的学习情况，如小 X 上课很认真、小 Y 举手发言了多少次、小 Z 坐姿特别端正……果然，不仅小 Y，其他学生在课堂也都渐渐能约束自己，做最好的自己。

"第三招"：同学们，咱们一起帮助他

在每天的相处过程中，班上同学们也发现了小 Y 的"特殊之处"。我希望班集体能够形成一种和谐向上的氛围，因为争取同伴的帮助特别重要。入学以来，小 Y 各方面的表现都透露了一个"慢"字，慢就慢点吧，我常常亲昵地喊小 Y "小蜗牛"。为了让同学们能够一起帮助他，我告诉班里的孩子们："小学六年是一场马拉松赛跑，我们是一个集体，必须一起跑向终点。现在我们班的这只小蜗牛跑得有些慢，各位小兔子应该怎么办呢？"就这样，学生们的主人翁意识被充分调动起来，纷纷建言献策，以至于后来整个班集体形成了一种良性的学习氛围。

"第四招"：以情化人，不忘"立规矩"

班主任对于学生来说是他最亲近、依赖的对象，虽然我面对的是 40 多个学生，但我时刻记着我是孩子们的唯一，他们渴望得到班主任老师的关心、重

视、鼓励。对于小 Y，需要下的功夫更多。如课堂上只要他一举手，我就会把更多的机会给他，让他学会的知识能够得以展现，得到老师的认可，同学们也会觉得"小蜗牛"努力了！对于小 Y 的进步，我常常会把它归功于学习小伙伴的努力辅导以及他自身的上进，为此送上一顶顶"高帽子"，让他越来越自信。

我很清楚小 Y 的行为表现具有反复性，这是他成长的必经过程。当他犯错后，除了恰当地批评教育，我会"以情化人"，用爱与言行去感染他。每当把小 Y 叫到办公室里来，我都会告诉他："老师很喜欢你，因此我会经常从各科老师和其他同学那里询问你的学习情况。老师知道你是一个努力的孩子，虽然你自己有些小毛病，但总是会尽量管住自己。当实在管不住的时候，老师就是"大老虎"了，要批评教育的，希望你不断进步哟！"看着他"小鸡吃米"似的点头和望着我时认真、信赖的眼神，我相信"小蜗牛"会慢慢成长的！

如今，小 Y 是我们班的宝贝，个头小却是班上的跳绳能手，多次代表班级参加学校运动会；闲暇时，他又俨然是一个开心果，表演的小品常常让老师和同学笑得前仰后合。从他身上，我深刻认识到，任何一个孩子都有他的闪光点，作为为师者，不能因为一时的问题去放弃他，要用一颗充满爱的心去温暖孩子，在教育中通过建立家庭、学校两个协助团体，在过程中不忘"立规矩"，最终定会促进孩子的成长！

教师成长感言

当拥有了"班主任"这个称呼，我时刻感受到自身的责任之重。现在虽已身为教师，但每每回忆起年少求学时我的班主任老师们，印象依然深刻。他们或循循善诱，或温柔可亲，如微光指引我完善自己，不断成长。

班主任的德才学识、情感人格、言行举止等都会给学生留下深远的影响。作为青年教师，万分感恩本次研修经历，解决了自身很多困惑，我将把学到的经验方法运用于班主任的工作实践中去，扎实而有效地做好班级工作，同时对自己的班级管理方式不断地反省，不断地总结，不断地进行创新。

重庆市渝中区中华路小学 星光中队 范 晨

"玩"转二十四节气

【导语】贪玩，是每一个孩子的天性。"玩中学，学中玩"的理念具体指的是在玩耍中让孩童进行学习，在学习中加入玩耍活动，这样更有助于孩童学习。因此，处理好玩与学之间的关系，既能解放孩子的天性，又能让童年充满欢声笑语。

游乐场

这是我目前正在带班的学生，回忆起一年级的他们，小小的个头，彼此之间还比较陌生，到了二年级下学期，课间的教室就成了他们的游乐场……

"小王老师，浩然在地上打滚，到处爬！"

"成成又在翻墙，好可怕！小王老师你快批评他！"

"鑫宇刚刚狠狠地踢了我一脚，我又没惹到他！"

"依依又拿着麦克风在讲台上唱歌！"

这可是教室啊，怎么变成了游乐场?！平日里，我不停地提醒他们：课间要文明玩耍，不喧哗、不打闹、不追跑……以为提醒的次数多了，学生们自然会听话。可事实上，我不停地"堵"，并不能有效改变现状。只要作为班主任的我课间一不在教室，教室必然是"爬行侠""翻墙大师""飞毛腿""歌唱家"的小型游乐场。

成为"游乐场管家"的我陷入了困境，我开始查阅相关文件希望自己能解决这一难题。我注意到2021年9月1日，教育部颁布了《未成年人学校保护规定》，明确提出"学校不得设置侵犯学生人身自由的管理措施，不得对学生在课间及其他非教学时间的正当交流、游戏、出教室活动等言行自由设置不必要的约束。"看到这，我开始转变观念，与其"堵"，不如"疏"，思考如何让课间十分钟给孩子们提供最大化的快乐、最有创意的游戏。

玩　耍

自一年级以来，当每一个节气到来时，我班会用各种各样的方式去迎接它、留住它、感悟它，目的是希望通过二十四节气文化的渗透，来增进学生对传统节气文化的喜爱与推崇，承载延绵不断的华夏文明。二十四节气承载着我国丰富的传统文化底蕴，每一个节气都有其特定的寓意和有趣的食俗文化。结合我班的班级文化理念，针对学生当下的课间玩法，我开始引导学生玩出文化、玩出创意、玩出健康和秩序，"玩"转二十四节气。

来打斗吧！

"立夏，来一次斗蛋游戏吧！"正值立夏，我开心地给大家宣布着这个好消息。浩然、成成、鑫宇这几个平日在班里玩得最尽兴的孩子早早带来了煮好的鸡蛋，迫不及待想要和同学来一场"打斗"，想比一比谁的鸡蛋最坚硬。课间，他们在教室里玩起了立夏斗蛋的游戏，胜出的"蛋王"就可以美滋滋地享用鸡蛋啦！

来表演吧！

"今天我为大家表演一个"小满"手指舞，请大家跟着我一起做！"原来是"节气小达人"妍妍正在教室的节气舞台上教大家节气手指舞，她的舞蹈十分讨大家的喜欢。

我们班以依依为首的女生尤其喜欢分享自己的才艺，爱唱歌、爱角色扮演。抓住这两点，我在教室的一角专门搭建起一个节气小舞台，放置了麦克风、与节气有关的头饰、服饰等，供班里爱表演的孩子使用。有了专门为他们搭建的小舞台，孩子们在课间可以随时扮演自己喜欢的节气使者形象，这些角色常常源自传统节气中的民间人物。

瞧，他们"玩"得更有创意了！

来比赛吧！

"地板短道速滑""抓人游戏"是我班男生最爱玩的游戏。这就不难理解我班男孩子为什么总是在地上爬行，或者总是摔倒在地了。限制他们课间跑动并不合理，我班定下的原则是不追跑、不疯跑。结合我班的节气文化氛围，我立刻在班队课上鼓励班里的8个小队围绕二十四节气命名，于是，立春小队、立夏小队、秋分小队、冬至小队等就成立了。有了小队名，"地板短道速滑"游戏规则变为：课间，若在小队长的节气知识问答中率先斩获第一名，他就可以被允许在空旷的地面上给大家表演一次"短道速滑"。"抓人游戏"的规则变为：以小队为单位展开课间节气词语接龙，由小队其中一人给出龙头句，如果有能接上的同学，则可以将手搭在前一位同学的肩上，在教室的过道上以有条不紊的节奏进行"游行"。在我们师生共创的课间游戏中，孩子们正逐渐养成健康、有序玩耍的习惯。

成 长

与其说怎样教学生"玩"，不如说是如何通过班级二十四节气的文化建设引导孩子们积极参与各项活动。在开展传统节气活动时，我把节气玩具带到现场，分给学生，及时奖励，赠送他们节气书签；课间设立"节气文明守卫"一职，在维护秩序的同时，组织"观众们"为心目中的"节气小明星"投票，获胜者将给予奖励；还专门设立了"节气游戏安全员"一职，提醒大家不追跑、不疯跑，让玩耍真正成为有文化的、有创意的、有秩序的活动。

经过一段时间的班级文化建设，学生在玩耍中学习节气知识，在玩耍中逐渐让课间活动"文明"起来，学生们真正做到了玩中学、学中玩。渐渐地，班内形成了有序而活跃的氛围，尽管不文明玩耍的现象偶尔还是会出现，但总体上大有改观。我想自己能做的，就是蹲下来多看看这群孩子们，真正了解他们的需求和爱好，用"疏"代替"堵"，"玩"转二十四节气，聆听他们最动听的童年欢笑声。

教师成长感言

我加入班主任工作坊的这段时间里，有集体带来的欢乐与收获，更有专业化的个人成长。在"双导师制"的引领下，我们阅读教育学经典书籍、聆听专家讲座、观课磨课、撰写教育案例……每一次活动都提高了我作为年轻班主任的专业素质和能力。还记得参加全国领雁杯班主任微班会大赛前，夜深了，莫老师仍一遍又一遍地指导我修改教案，从整体教学环节到每一句教学语言的敲定，那段磨课的日子成了我最宝贵的成长经历。有了名班主任的带领，有了团队任务驱动，我对未来更加充满了希望。

重庆市渝中区中华路小学　朝阳中队　王　倩

成长，不找理由

【导语】 古语云：人非圣贤，孰能无过？过而能改，善莫大焉。在教学实践中，我发现，"找理由"成为孩子不敢直面过错、改正过错的典型现象。因此，我通过"营造班风"加"个别引导"的方式，让孩子所犯的每次过错都成为促进他们成长的宝贵契机，发挥出班集体独特的育人价值。

害怕的感觉

我女儿有睡前听绘本的习惯，我也就养成了睡前给她讲绘本的习惯。今天，摆在枕边的书，名字叫《迟到的理由》。封面是一只小猪，眼睛睁得圆圆的，瞳孔聚焦，嘴巴呈"O"字形，旁边的一只小闹钟正夸张地悬在半空中。可爱又有创意的封面，引起了女儿的注意，它迫不及待地翻开书。故事是这样的：一只贪睡的小猪早上起晚了，它赶紧背上书包一路狂奔到学校，从空旷的学校到安静的走廊，它越来越紧张。终于来到能够隐约听到老师讲课的教室外面，小猪却迟迟不敢进去。害怕，让它情不自禁地停了下来。

你，害怕过吗？

伴随着心里猛然"咯噔"一下，一种突如其来的刺激像微弱却让人恐慌的电流传遍全身，这样的刺激使得大脑出现短暂的空白，使得原本平稳的呼吸突然间歇或加速，使得身体突然一紧，接着重重的无力感与懊丧感袭来……这，就是害怕。成人或许已经快忘记这种特别的感受，但你知道吗？害怕，在小学生中却很常见。

当他们背着书包，拎着饭盒，三三两两，前前后后，或有说有笑，或面无表情地进入教室，如惯例一般来到自己的座位前，拉开凳子，把背上的书包轻轻放下来，当拉开书包拉链的时候，他们中的有些人，可能就会开始害怕：学习用品没带、作业没完成、面对新知识有恐惧、面对还未到来的学习任务想退缩……这一切的一切，会使他们的小小星球即刻脱轨。面对同学、老师的目光，他们往往会想到一个解决对策——找理由！

"我做完了的，可是我忘记带了"——成为没做作业的理由。

"我放在桌子上的，爸爸妈妈检查后没有给我放回来"——成了没带齐学具的理由。

"我在认真听课的，他来问我一个问题"——成了上课走神的理由。

"他们都在讲话，我也想知道他们在说什么"——成了随意讲话的理由。

"我想先上个厕所，再来做作业"——成了拖拉的理由。

"我觉得我的桌面太乱了，我想先收拾一下"——成了松懈的理由。

…………

诚如《迟到的理由》绘本中的那只小猪一样，它也想到了很多理由：像大象一样，擤了太长时间的鼻涕；像小鳄鱼一样，刷了太长时间的牙齿；像长颈鹿一样，系了太长时间的围巾；闹钟太多了，一个一个关闭太费时间；早餐太丰富，一盘一盘吃完太费时间；书包拉链没拉紧，回去捡起掉落的东西；一下子太紧张，上学走错了路……但，这些理由，它自己都不太相信。是啊，当学生在紧张状态下，为了避免老师的苛责，找一个合适的理由来回避自己的问题，好像是个不错的主意。

可每当听到这样的话，我真的想要用最简单粗暴的方式，戳穿他们编织的理由，使他们红红脸。但我也会想到，站在面前的这些小小人儿可能有他们认为的宝贵的"面子"需要维护，可能有他们的难言之隐暂时无法对我袒露心扉，可能确确实实有一些客观的因素使得这样的结果发生。但此时的宽容，对吗？显然不对，因为谎话说多了，他们也会认为事情就是那样的了。久而久之，找理由的现象就会越来越严重，仿佛任何问题，只要找到一个恰当的理由，都可以顺利解决、平稳过渡，而理由背后隐藏的能力缺失、态度不端正等根本问题，久而久之就会被忽略。不行，不能让找理由成为解决问题的一种办法！只有直面问题，才能解决问题。因此，面对挡在诸多问题前面的情绪——害怕，我需要教会他们学会直面现状。

绘本分享课

绘本中的小猪为什么找了这么多理由呢？面对迟到的这个现状，它首先想到的是老师那张严肃批评的脸，以及同学们嬉笑轻蔑的画面。看来，要在班上形成一种敢于直面原因、敢说真话的风气，还得建立起他们与老师、与同学之间充分信任的氛围。

阅读分享课上，我把这本《迟到的理由》带到了课堂，当学生们看到这只憨态可掬的小猪时，无一例外，他们笑得很开心。当看到迟到的小猪发现学校那么大、走廊那么安静时，他们也情不自禁地安静了下来，仿佛唤醒了自己的回忆。当看到小猪从它听过的其他动物的理由中找出了那么多它想用的理由时，他们又一次开心地笑了，他们想，这多么像曾经的自己啊。最后，他们和小猪一起鼓起勇气，敲开教室的门，期待着看看小猪最终说了一个怎样完美的理由时，教室异常安静，结果小猪只说了一句话："老师，对不起，我起晚了。"它没有找任何理由！学生们和故事中的小猪一样，非常期待接下来老师的反应，老师只是说："下次注意哦，快坐下来上课吧！"孩子们再一次露出了微笑。是啊，他们明白了，不找理由，实话实说，就是最棒的解决办法！

趁热打铁，在班会课上，我把"我为什么要找理由"这个话题提出来。在描述了现状之后，师生共同探讨"自己爱找理由"的原因，当讨论重心聚焦到"怕被批评、怕被嘲笑"等原因的时候，我放慢了语速："如果一遇到自己的问题，我们就找理由，会有什么后果？"虽然学生已经五年级了，但当他们找理由的时候，或许只是想着怎么才能快速躲避这次问题而已，他们从来没有思考过如果养成了找理由的习惯，会不会有什么不好的影响。一番讨论下来，学生很快明白：出了问题找理由，不仅不是解决问题的办法，还会让问题被自己忽视，从而越来越严重。最好的解决办法，就是实话实说。至于老师的批评和同学的嘲笑，也可以巧妙地理解为自己不能再犯同样错误的动力。

转眼又到了周五"精彩八分钟"，我再次聚焦"找理由"这个话题，进行一周的总结。我关注过那些犯了错被我"发现"的孩子，并记录下了当时我们之间的对话，于是我把这些案例分析给学生们听。

案例一：周三，小吕说他没有带作业，但作业是做了的。经过联系家长，发现小吕作业在书包里，只是他没做完不敢交。在老师办公室，小吕花了20分钟写完了作业，顺利交给老师，问题得以解决。

案例二：周四的书法课上，小闵的书法工具没带，当老师问到他时，他主动承认："对不起老师，我昨晚忘了按课表整理书包，工具没带。"老师叮嘱他课后自己补上这一课的练习，课堂上先练硬笔书法。次日早上，小闵补交了昨天的书法作业，还额外上交了一份硬笔书法练习作业。

我在讲这些案例时，全班异常安静，大家都听得很认真，他们都明白了：找理由不仅不能解决问题，还会助长自己撒谎的恶习，失去别人的信任，只有直面问题，才能解决问题。

师生共同成长

作为老师，不论我们教龄多长，都不要忘记我们曾经也是一个孩子，我们也曾经是一个害怕迟到、害怕吃饭、害怕作业、害怕考试、害怕失败的孩子。甚至直到现在，我也时不时会被紧张、害怕的情绪支配，眉头紧锁，那是因为，学会勇敢，本来就不是一件简单的事情。人生就是这样，不如意者十之八九，重要的是以一种什么心态去面对。我们将勇敢与真诚传递给学生，当看到他们真的发生了变化时，我们也找到了认真做教育的勇气与能量，这样的正能量，将激励师生共同成长。

教师成长感言

　　班主任，一个简单的名词背后，却有太多的责任与担当。学生的成长，是一个系统工程，班主任的工作不仅需要细致、勤勉地扎根于学生中，更需要用先进的教育理念武装自己，用智慧的教育方法提高工作效率。班主任工作坊于我而言就是这样的智慧库、智慧源，我总能在导师和小伙伴们身上汲取到能量与智慧。

重庆市渝中区中华路小学 嘀嗒中队　夏　娟

星辰赶路人

【导语】每次接管一个新的班级，作为班妈妈，看着一群充满懵懂和新奇的"小豆豆"，不禁会想：教师究竟能带给他们什么，应该给予他们的一生带去什么样的影响？

还记得去年的中秋，月亮特别圆，特别亮。月光下，我的小女儿牵着我的手问："妈妈，那月亮周围一颗颗的小星星是月亮的宝宝吗？"我笑着回答她："是啊，无论月亮走到哪里，星星们都会围绕在她的身边。"女儿捂着嘴笑着说："我觉得它们更像是月亮的学生，就像妈妈您在讲台上给小朋友们讲课，大家围在一起出神地看着您的样子，不是吗？"

是啊，这样"众星捧月"的时光一晃就是二十二年。德国著名哲学家费尔巴哈曾经说：一切有生命和爱的生物，一切生存着的和希望生存的生物之最基本和最原始的活动就是对幸福的追求。幸福——这个人生的最大命题，当它和班主任工作联系到一起的时候，我们何其有幸，我们也何其惶恐！如何教给学生们追求幸福的能力，如何为他们系好关键的第一粒扣子，双重的重担落在我们——每一位教师身上，这是我们的责任，也是我们的初心。

我们要幸福

在这里，我理解的幸福，第一，教师应该教会学生寻找幸福、获得幸福的能力，使他在这条路上奋力自信地前行；第二就是教师自己，也要追求自己的职业幸福、人生的幸福。可是，"幸福的能力"是多么抽象的概念和宏大的命题，我们应该怎么做呢？首先，我们应该充分认识到自己的重要性！

我们很重要

这是由班主任职责决定的。我们是：

1. 学校德育工作的中坚和骨干。
2. 使校内各种力量形成教育合力的纽带。
3. 沟通学校、家庭、社会三种渠道的桥梁。
4. 班集体的组织者、指导者、召集人。
5. 学生成长过程重要的教育者。

幸福的定义很抽象，无法量化，那么班主任能够教给学生关于幸福的学问，我觉得更多的是人生经验和心灵触动，就像苏霍姆林斯基说的那样：如果你只限于从讲台上看见学生，如果只是由于你叫他，他才靠近你。如果你跟他的交谈只限于回答你的提问，那么，任何心理学知识都帮不了你的忙。我们应该像朋友和志同道合者那样会见孩子，应该和他分享胜利的喜悦，承担失败的忧伤。通往孩子心灵的道路靠友谊、靠共同的兴趣、爱好、感情来铺就。

班主任工作是一门需要用心的学问

班主任工作要遵循教育学、心理学、人际关系学以及学生在不同阶段的身心发展规律。记得学生一年级报道的那天，那是个炎热的九月，我穿着一件新买的白色衬衣，坐在教室里迎接着新一届的"小豆豆"们，正当我忙着一一查看新生们的资料时，一只小手摸了摸我的后领，一个怯生生又充满好奇的声音在耳边响起："老师，你的衣领怎么都湿了呀？"转头一看，一个胖胖、萌萌的小男孩歪着头问我。好哇，第一次见面胆子可不小！我正有点想发火，转念一想：这孩子还挺细心，善于观察。于是我微笑着说："可不是嘛，老师想着终于能见你了，可激动了，这是激动的"汗水"！孩子"咯咯"地笑了起来。这时他身后的妈妈"呀"的一声，露出尴尬的表情，指着我的后衣领说："老师，不好意思啊，这，这孩子刚刚吃了火龙果没洗手，您这衣服——"我大概猜到了我的白衬衫成了什么样，但我压制住了内心的烦躁，对那个孩子说："感谢你送给老师的见面礼，这其中有你对老师的关心和好奇，嗯，我都收下了！等你小学毕业时，我也要送给你一份礼物！"转眼六年，毕业典礼那天，我又穿上这件白衬衫上台，淡淡的红色手印留在白色的衣领上，那个孩子的妈妈激动地抱住了我："我记得，陈老师，开学第一天报道的时候，您就穿着这件衣服……"此刻，我们的眼中都闪动着盈盈的泪光。我想，学生很多幼稚可笑的举动在我们面前做过，未来可能他不会再做了；很多对这个世界充满好奇的童言童语，说过一次，或许就永远也不会再说了。他们一生一次的美好童年，一部分给了老师，那么老师应该给他们的童年留下什么呢？在这个科学进步、信息爆炸的时代，孩子获取知识和灵感的渠道很多，老师能给他的，应该是学习和生活的经验，面对挫折困难的坚韧，以及更多的理解和爱，能够宽容他们的小错误，能够分享他们的小调皮。设想一下，不管以后在他人生的哪一个阶段，每当想起自己的小手曾摸过她衣领的老师，嘴角总会不自觉地上扬，我想这应该就是根植内心最柔软的爱。

天上的月亮又圆了，我想起了女儿当时的话，其实我不想做那众星捧出的月，我要做的，是用光点亮一颗一颗的星星，带他们奔赴大海。因此，此生我只想做这——星辰赶路人。

教师成长感言

每天一早来到学校，总是先到班级教室的门口站一站，看一看，和学生们亲切地互问一声"早上好"，我知道，这是我的"一亩三分地"，也是孩子们梦开始的地方。担任班主任工作二十二年了，带给我的感受是：越来越平和从容，着眼每个孩子的将来。加入学校班主任工作坊之后，在导师莫小华老师的引领下，我们有了同伴间的互助、分享，更有了学习的平台，为我们解决了平时工作中的困惑，让我们在班主任工作中更加得心应手。教育，向美而行，我们一直在路上。

重庆市渝中区中华路小学　明灯班级　陈筱琳

静待花开

【导语】每一个孩子都是一颗特殊的种子，有的是参天大树，有的是娇小雏菊，有的是路边的一株普通的小草，他们都是世间不同的风景。教师是辛勤的园丁，无论是哪一种花草树木，虽然品性不同，培育的方法差异，但用心是一样的，特别是对待那些"长势"特别慢的花草，"园丁"更要耐住性子，慢下来，静待花开。

在送别又一个六年级后，学校任命我担任一年级1班的班主任工作和数学教学工作。我一直任教高学段数学，没有当过班主任，心里十分忐忑。但我相信事在人为，只要牢记教书育人的初心，一切为了孩子，努力学习，就一定能把教学和管理工作做好。

因此，在学期末的时候我就开始向周围的前辈们请教：如何当好一年级的班主任，如何管理班级，如何和家长沟通，假期可以做一些什么准备工作，等等。那段时间我的脑袋里就像有十万个为什么一样，于是每天像海绵一样努力从书籍里、从周围的前辈们身上汲取专业知识与管理经验。新学期伊始，看到一个个一脸懵懂的小不点儿，我真的被他们萌到了，他们那么天真无邪、可爱活泼，以后和他们在一起的学校生活一定非常开心，因此充满了美好的期待！

事实证明，我还是低估了"人类幼崽"带来的挑战，他们虽然天真可爱，但也能瞬间让你抓狂，而且那一刻还一脸无辜地望着你。每当这个时候我一方面在心里默念：生活如此美好，他们如此可爱，我不能如此暴躁，不好不好！另一方面提醒自己是一位专业的"园丁"，每位学生都是一颗充满惊喜的种子，需要我们细心呵护、耐心等待。

班上有一个很特别的"小豆丁"，初次见面，圆圆的小脑袋，大大的眼睛，肉嘟嘟的小脸蛋，十分可爱。上课他坐得特别端正，听课非常认真。但慢慢地我发现，他不仅学习方面有困难，与他交流更是困难，仿佛他的知识信号塔还没有建好，每节课的知识接收比其他同学慢很多，因此做作业也会慢很多，还错得多，而且最难的是他不愿意交流，不管是学习上或者生活中的事，不管和他说什么，只要他不愿意开口，他就会把头低下、眼睛闭得紧紧的，似乎在拒绝外界的一切。看到他这个样子，我心里非常着急，想帮忙也无处下手！为此，我向他的家长了解情况，向周围的同事请教，向学校的心理教育老师请教，查阅相关的书籍资料，尝试用不同的方法去和他沟通。

有一次，他的作业错得一塌糊涂，一页口算题，只对了七八道，书写也很糟糕。于是我把他叫到前面来，给他搬了一张凳子坐到我的旁边，一道题一道题地给他讲解。我发现他在认真、努力地听，但一语不发。只要我尝试和他交流，他就会把头低下，眼睛闭得紧紧的，完全把自己封闭起来。

就这样，在我讲解、他动笔，我询问、他拒绝的循环中改完了错题，但我知道不能这样结束，于是我说："你改完了错题，你要跟老师说你改完了，老师才能知道啊！"毫无意外，得到的回应又是闭着眼睛拒绝，我也就默默地等。一分钟过去了，我继续等着他给出回应，而他还是安安静静地坐着；两分钟过去了，我小声地提醒了一句："你说了，老师才能知道呀！勇敢一点。"他仍是闭眼无声地拒绝了我；五分钟过去了，我仍然默默地等着他的回应，他开始东看看、西看看，还一次又一次地装作不经意地将目光从我的脸上划过，只要我一看向他，他就立马把眼睛闭上。

十分钟过去了，上课铃声也响了，我轻声地提醒了一句："美术课上课了哟，你说出来就可以去上课了呀！"终于我发现他脸上出现了一丝纠结，动了动嘴唇但还是没能说出来。又过了几分钟，他似乎是发现了我不会轻易放弃，似乎是想去上他喜欢的美术课，终于小声地说了一句"改好了"，我心中一喜，赶紧见好就收，毕竟这可是来之不易的一句话，于是轻柔地表扬了他并表示："看吧，其实说出来很容易。"然后陪着他去了美术教室。

就在我以为我已经打开了他心灵的一扇窗户、建立起了与他沟通的桥梁的时候，现实却给了我狠狠一击。他还是那个他，掌握着他的交流主场，只要他不主动开口，不管旁人如何引导、如何切换话题，他都以沉默拒绝。因此，我又沉下心来悄悄地观察他，一段时间之后，我发现了他有和同学一起嘻嘻哈哈玩的时候，也有在上学路上和家长大声表达自己诉求的时候，也有发言时试探性地举出小手的时候……而"低头、闭眼、不说话"就是他坚硬的外壳，是他的防御机制，只要有一点风吹草动，他就缩回自己的壳里藏起来。

在接下来的日子里，我请班上跟他熟悉的同学当小老师，在学习上帮助他、多和他一起参加活动，我和语文老师经常找机会和他聊天，尽管有时根本得不到回应，但也有聊上几句的时候。在遇到必须要交流的时候，就再一次上演耐力拉锯战，等呀……等呀……等呀……等到他回应。慢慢地，我学会了等待，他也逐渐开始给出回应。特别是每次只要我一说"乐乐，改错"，他会立马拿出铅笔回答我"来了"，那一声听来是那么清脆、那么动听！虽然在后来的日子里，乐乐还是很慢，像蜗牛一样，慢慢前进着，也还是会缩回自己的"壳"里，但我也学会了和他一起慢下来，陪着他一步一步"往上爬"。

干教师这一行，需要一颗炙热的爱心，遇到什么样的学生都要用心教，什么样的班级都要认真带。虽然教法不同，但用心是一样的。学生可能有学不会的知识，但一定能感受到老师心中的爱。在各方面"慢一点"的学生面前，我们更要学会慢下来，调整自己的心态和步调，给孩子更多的理解和关爱，陪着他一步一步向前进，成为最好的自己！

教师成长感言

当一个个懵懂的"小不点"朝我们走来、当一个个幼稚的小错误被我们发现、当一个个天真的微笑感染我们的心绪……这才是人间至真至纯的"小确幸"啊！作为教师，我们要用全身心的爱去帮助他们，用爱恪守自己教育的初心，用爱去承载学生们的五彩之梦，与他们一起成长。

重庆市渝中区枇杷山小学校　小水滴班级　李　玲

和谐共生　馨悦成长

正如《小王子》的作者圣·埃克苏佩里所说："如果你想造一艘船，你先要做的不是催促人们去收集木材，也不是忙着分配工作和发布命令，而是激起他们对浩瀚的大海的向往。"我们的工作室就聚集了这样一群人，拥有着班级建设的热情，充满着班级理想状态的向往与期待。

2021年9月，莫小华名班主任工作室正式授牌成立，其中有优秀的德育工作者、有实战经验丰富的优秀班主任，还有对课程建设有着独特理解的学科骨干。我们把工作室的名称确定为"馨悦达育坊"，意为"和谐共生，馨悦成长"。

我们以"班班塑品，人人出彩"为研究目标，在实际研究中做到周周有话题讨论、月月有主题研究，努力寻找研究的突破口。在育人实践中做好班班有品牌、人人都参与，促进学生全面发展、健康成长。

回首过往，我们"以人为本"，立足班主任队伍的专业化成长，研究班级管理和文化建设，努力创建"一班一品"，激发学生应有的生命活力，去实现"立德树人"的教育目标。

◎ 我们研究课题，走向深入化研究

"理论是实践的基础，实践是理论的来源。"为了深入班主任专业化研究，提升班主任专业化成长，工作室组织理论学习，开展课题申报。课题《小公民行动课程的班本化实践研究》成功开题，得到专家领导的一致认可。

◎ 我们以赛促研，打造特色化班品

"业精于勤，行成于思。"工作室借用比赛的契机，凝练理论知识，建设"品牌化"班品。工作室成员黄素颖老师参加重庆市班主任基本功竞赛获特等奖，并荣获全国优秀班主任工作案例；齐瑞老师参加重庆市第十届班主任技能比赛获全能特等奖；陈信老师参加区班主任基本功竞赛，获得单项、综合一等奖……为了促进自身理论学习，在导师莫老师的带领下，参加重庆市教育学会举办的"学生指导案例评选"，人人获奖，达成了"人人出彩"的目标。

◎ 我们分享经验，推广成果化学习

"人生的最终价值在于觉醒和思考的能力。"工作室也及时提炼成果，分享自己的工作经验。立足校内，开展交流分享会；走出校外，辐射班品化成果；放眼全市，加入班主任工作室联盟。我们也期待着工作室能不断精进反思，将沉淀与积累的理论与实践做法更好地服务于社会，擦亮工作室名片。

◎ 我们研讨活动，助力专业化成长

"只要路是对的，就不怕路远。"从课题研讨到竞赛策划，从邀请专家指导论文撰写到第一线优秀班主任教师进行主题分享，工作室切切实实地开展活动，认认真真地探索实践，让学习活动真正地发生，让每个学习的个体得到真实的成长。

"欲望以提升热忱，毅力以磨平高山。"研修之路从未停歇，成长、收获仍在继续。我们把扎实有效的探索整理成册，凝练提升、笃行致远。

齐 瑞

2023 年 3 月于重庆